本书受全国高校思想政治理论课教学科研团队择优支持计划
“思想政治理论课重难点问题教学研究”项目资助

“思想道德修养与法律基础”教学疑难深度解析

中国人民大学马克思主义学院
北京高校思想政治理论课高精尖创新中心 组编
王 易 主编

SIXIANG DAODE XIUYANG YU FALÜ JICHU
JIAOXUE YINAN SHENDU JIEXI

中国人民大学出版社
·北京·

目 录

绪 论

第一章 人生的青春之问

第二章 坚定理想信念

第三章 弘扬中国精神

第四章　践行社会主义核心价值观

第五章　明大德守公德严私德

第六章　尊法学法守法用法

绪 论

学习“思想道德修养与法律基础”课对大学生成长成才的意义是什么？

王　易

有的同学认为，我学好自己的专业课和英语、数学等工具课就行了，为什么还要学习思想政治理论课呢？尤其是“思想道德修养与法律基础”课讲的都是些老生常谈的大道理，对将来找工作和未来的发展没有什么实际的帮助。我们应该怎么看待这个问题呢？

当代大学生是与我国的改革开放同行、与中国特色社会主义事业发展并进的一代青年。作为社会主义事业的建设者和接班人，当代大学生肩负着国家的重托、民族的希望。2004 年，《中共中央国务院关于进一步加强和改进大学生思想政治教育的意见》指出：“大学生是十分宝贵的人才资源，是民族的希望，是祖国的未来。目前，我国在校大学生包括本科生、专科生和研究生约有 2 000 万。加强和改进大学生思想政治教育，提高他们的思想政治素质，把他们培养成中国特色社会主义事业的建设者和接班人，对于全面实施科教兴国和人才强国战略，确保我国在激烈的国际竞争中始终立于不败之地，确保实现全面建设小康社会、加快推进社会主义现代化的宏伟目标，确保中国特色社会主义事业兴旺发达、后继有人，具有重大而深远的战略意义。”因此，高等学校培养出来的大学生，不仅要有较高的科学文化素质和专业技术素质，更需要有坚定正确的政治方向和优良的思想道德素质。高等学校必须按照德智体全面发展的教育方针培养和塑造大学生，使当代大学生真正成为有理想、有道德、有文化、有纪律的社会主义现代化建设事业的合格建设者和可靠接班人。“思想道德修养与法律基础”是在德育工作经验总结和科学研究的基础上形成的关于大学生人生观、价值观、道德观和法律观教育的系统理论与知识，它是大学生思想道德与法律修养的指南，是大学生健康成长的良师益友。

第一，学习“思想道德修养与法律基础”课，有助于当代大学生了解党和国家对大学生在思想、政治、道德和法律素质方面的要求，明确自己努力的方向。

当今世界，科学技术突飞猛进、日新月异，综合国力的竞争日趋激烈，知识经济对于我国在新世纪的发展至关重要。波澜壮阔的改革开放和中国特色社会主义建设事业的伟大实践，为当代大学生展示才华、实现理想提供了广阔的舞台，新的形势对高等学校培养出来的跨世纪人才的素质提出了新的更高的要求。“赢得青年，才能赢得未来”，这句话深刻地揭示了加强青年学生思想道德和法律修养的极端重要性。作为大学生入学后的第一门思想政治理论课，“思想道德修养与法律基础”课的重要意义在于，让大学生明确党和国家的教育方针与培养目标，以及党和国家对大学生思想、政治、道德和法律素质方面的要求，从而使大学生一入校就能明确自己的努力方向和前进目标，沿着正确的方向成才。

高校“思想道德修养与法律基础”课的目的在于为社会主义培养有理想、有道德、有文化、有纪律的社会主义公民，为社会主义培养高素质的建设者和接班人，为中华民族的伟大复兴储备优秀而杰出的人才。大学生的发展目标和成才目标必须以此为坐标，与此目标相一致，如果偏离了这一点，人生理想目标便容易被导入某种误区。在一种偏离社会历史发展进程的理想目标指导下的人生实践能否取得巨大的成就，并且这个成就能否被社会认可和接受，其结果是显而易见的。这就要求我们必须了解人自身的本质与发展，了解人类社会的发展规律与走向，了解我国社会主义建设的基本路线与发展前途，了解处于社会关系总和中的个人与社会、个人与他人之间的关系，以及调节这些关系的原则与规范。在历史的进程和社会的发展中，能够成就一番事业的人，他们的伟业和功绩并不是偶然的巧合，也不是历史的“误会”，而是因为他们最先站在历史发展的锋线上，高瞻远瞩，做出了顺应历史发展潮流的正确选择。只有站到了这样的高度，胸中才会涌动出“指点江山，激扬文字”的激情和壮志，才会有“会当凌绝顶，一览众山小”的心胸和气度。

在这一点上，马克思在青年时代写的《青年在选择职业时的考虑》一文中的思想至今仍值得我们思考和借鉴。他说：“在选择职业时，我们应该遵循的主要指针是人类的幸福和我们自身的完美。……人类的天性本来就是这样的：人们只有为同时代人的完美、为他们的幸福而工作，才能使自己也达到完美。如果一个人只为自己劳动，他也许能够成为著名学者、大哲人、卓越诗人，然而他永远不能成为完美无疵的伟大人物。……如果我们选择了最能为人类福利而劳动的职业，那么，重担就不能把我们压倒，因为这是为大家而献身；那时我们所感到的就不是可怜的、有限的、自私的乐趣，我们的幸福将属于千百万人，我们的事业将默默地、但是永恒发挥作用地存在下去，而面对我们的骨灰，高尚的人们将洒下热泪。”因此，我们在选择人生理想、人生道路时，应该把社会的需要和国家的使命放在第一位，这是我们生活和成长的土壤，是人生的大舞台。生活的辩证法不止一次地告诉我们，事业，越是同伟大的时代休戚相关、紧密相连，就越能够创造出它自身的价值。

第二，学习“思想道德修养与法律基础”课，有助于大学生深入思考人生的意义与价值，汲取有益的精神营养，获得真、善、美的心灵启迪。

青年时代是人生的黄金时期，温馨如二三月里的春风，潇洒如傲然挺立的白杨，灿烂如八九点钟的太阳，生命力最旺盛，体力精力最充沛。然而青年时代也是人生过程中遇到问题最多的时候，友谊与爱情、竞争与合作、理想与现实、个人与集体、自我奋斗与祖国民族的前途命运，怎样做人，做一个什么样的人，怎样生活才是有意义的，怎样的追求才是高尚的，这一系列的问题都会陆续摆在青年人的面前，需要做出正确的选择与回答。

人是理性的动物，不仅有物质的需要，还有精神的需要。在一定意义上，思考人生的意义，探讨人生的价值，陶冶高尚的情操，培养完善的人格，追求个人与社会的协调发展，是人之所以为人的最主要特征。但是，对于人生意义的探索与对崇高目标的向往，不是人一生下来就有的，它本身就是不断地学习、反思、修养、实践与提高的过程。而为大学生开设“思想道德修养与法律基础”课的最主要目的，就是从大学生面临和关心的实际问题出发，以大学生健康成长为主线，以人生观教育为重点，培养大学生优良的思想道德素质，帮助大学生树立健全人格。

第三，学习“思想道德修养与法律基础”课，有助于大学生提高思想道德素质与法律素质，立德成才。

21 世纪的竞争，归根结底是人才的竞争；而人才的竞争，绝不仅仅是人才的科学文化素质的竞争，而是人才的综合素质的竞争。为了满足新世纪对于知识与人才的需要，当代大学生必须求得全面的发展，这种发展，不单是文化素质上的提高，还应包括思想政治素质、品德素质、审美素质、身体素质等各个方面，只有拥有健康的体魄、完善的人格、崇高的品质，我们才能在激烈竞争中经得住考验。近些年来，从社会、家庭到老师、学生，较为普遍地存在着一种重智育轻德育、重书本轻实际、重科技轻人文的倾向。短期的、少数人的素质缺陷尚可补救，长期的、一代人的素质缺陷则将会造成不可挽回的历史过失。因此，本着对历史负责、对未来负责的态度，对于青年一代的培养，必须在注重提高科学文化素质的同时，高度重视提高思想道德素质；在处理智育与德育的关系时，必须更加重视德育，培养德才兼备、以德为首的一代新人。因为在人的素质（思想道德素质、科学文化素质和健康素质等）中，思想道德素质起着主导作用。思想道德素质包括世界观、人生观、价值观、政治倾向、理想、道德、情操等内容，它好比人的灵魂，是一切活动的主宰，决定人们行动的目的和方向。因此，大学生不仅要刻苦学习，向书本知识学习，努力掌握现代科学文化知识，而且应当坚定理想信念，加强思想修养，投身社会实践，坚持学习科学文化与加强思想修养的统一，坚持学习书本知识与投身社会实践的统一，坚持实现自身价值与服务祖国人民的统一，坚持远大理想与进行艰苦奋斗的统一，成为又红又专、品学兼优的好学生，努力担当起振兴中华的时代使命，立志做社会主义“四有”新人。

“思想道德修养与法律基础”课是一门融政治性、思想性、理论性、知识性、实践性和修养性于一体的思想政治理论课，涉及的内容十分广泛，而且有一定的理论深度、广度和高度。学习“思想道德修养与法律基础”课必须有科学的态度、正确的方法，认真读书、掌握理论，并身体力行、努力践履。

如何理解“基础”课中的思想道德与法律、思想道德素质与法律素质？

王　易

有人说，道德是人们心中的法律，法律是成文的道德；也有人说，法律与道德的关系并非如此简单，二者性质不同，产生方式、适用范围也完全不同。有人说，“基础”课中培育的思想道德素质与法律素质是当代大学生必须具备的两种基本素质；也有人说，法律素质是思想道德素质的题中应有之义。这些说法似乎都有道理，那么应当如何理解思想道德与法律、思想道德素质与法律素质呢？

思想道德与法律，是调节人的行为、协调人际关系、维护社会秩序的两种基本社会规范；思想道德素质与法律素质，是人们不可缺少的两种基本素质。“基础”课力图把思想道德与法律、思想道德素质与法律素质有机结合起来，使大学生首先掌握社会主义思想道德基本规范和法律基础知识，然后在此基础上深刻理解这些规范和知识对于个人发展与社会进步的功能、作用和意义，最终把理论知识内化为自己的主导意识，外化为自觉践行社会主义思想道德和法律规范的行为，并根据时代进步和自身发展来不断完善自身的思想道德素质与法律素质，成为中国特色社会主义事业的合格建设者和可靠接班人。对当代大学生进行思想道德教育与法制教育，全面提高大学生的思想道德素质与法律素质，帮助他们成长为全面发展的社会主义事业的合格建设者和可靠接班人，就是“基础”课的根本任务。

第一，思想道德与法律。

“思想道德”作为一个专门概念较早出现在1986年的《中共中央关于社会主义精神文明建设指导方针的决议》中。该《决议》指出：“社会主义精神文明建设的根本任务，是适应社会主义现代化建设的需要，培育有理想、有道德、有文化、有纪律的社会主义公民，提高整个中华民族的思想道德素质和科学文化素质。”“精神文明建设，包括思想道德建设和教育科学文化建设两个方面，渗透在整个物质文明建设之中，体现在经济、政治、文化、社会生活的各个方面。”①《决议》把“思想道德”作为与“科学文化”相对应的概念提出，并将其作为社会主义精神文明建设的重要组成部分，明确界定了“思想道德”这一概念所属领域。而1996年的《中共中央关于加强社会主义精神文明建设若干重要问题的决议》进一步科学界定了“思想道德”的性质和内涵：“社会主义思想道德集中体现着精神文明建设的性质和方向，对社会政治经济的发展具有巨大的能动作用。在改革开放和现代化建设的整个过程中，思想道德建设的基本任务是：坚持爱国主义、集体主义、社会主义教育，加强社会公德、职业道德、家庭美德建设，引导人们树立建设有中国特色社会主义的共同理想和正确的世界观、人生观、价值观。”至此，“思想道德”一词虽然由“思想”和“道德”两个词组成，但由于中央文件和思想理论界的广泛使用，它实际已经成为一个具有特定内涵和外延的专门名词。

“基础”课所指的“思想道德”，就是在这个意义上使用的概念，其性质是社会主义思想道德，其内容包括社会主义和共产主义的理想信念，马克思主义的世界观、人生观、价值观、道德观等方面，这也与原“98方案”中“思想道德修养”课程中的“思想道德”的内涵是一脉相承的。

“基础”课所指的“法律”，是指我国社会主义法律。我国社会主义法律是工人阶级领导下的广大人民意志的体现，是由国家制定或认可并由国家强制力保证实施的行为规范的总和。我国社会主义法律体系由宪法、行政法、民商法、经济法、社会法、刑法、诉讼与非诉讼程序法等法律部门构成。

“基础”课将思想道德与法律有机结合为一体，充分反映了社会主义思想道德与法律相辅相成、缺一不可的紧密关系。社会主义思想道德与法律都是社会主义生产关系的产物，受社会主义生产关系的制约，同时又反映和作用于社会主义生产关系；它们都是在马克思主义指导下建立和发展起来的，具有相同的理论基础；它们都是工人阶级和广大人民意志与利益的体现，是调节人与人之间的相互关系、维护社会的秩序与稳定的社会规范；它们的许多原则和内容也都是一致的。社会主义思想道德为社会主义法律提供了思想基础和价值目标，社会主义法律为社会主义思想道德提供了制度保障。

同时，“基础”课也明确将思想道德与法律两种不同的社会规范区分开

① 中共中央文献研究室．社会主义精神文明建设文献选编．北京：中央文献出版社，1996：244.

来。从调节领域来看，思想道德既涉及人的观念和意识形态层面的问题，又涉及人们行为层面的问题，调节范围相对广泛；法律涉及的则主要是人们行为层面的问题，涉及范围较为具体。从调节方式来看，思想道德主要依据说服力和劝导力、社会舆论以及风俗习惯和人的信念起作用，法律则是通过国家强制力保障实施。从调节目标来看，思想道德着重对人们的内心世界提出善良与高尚的要求，法律则着重对人们的行为提出禁止与许可或允许的要求。因此，法律对人们的要求是最基本的、底线的，而思想道德的践行与追求则是无止境的。

第二，思想道德素质与法律素质。

人的素质是一个多层次的有机统一体。这里所说的“素质”不仅仅是指人的先天的生理结构和功能，更主要的是指人在特定社会生活中，在教育和个人长期实践活动中所形成的潜能和特质。素质不仅是人的能力形成和发展的重要前提条件，也是人的能力诸要素中不可或缺的重要构成因素。辩证唯物主义强调，人的各种素质，一方面以先天的、生理的因素为自然前提，另一方面又同后天的家庭教育、社会教育、环境影响和自我努力紧密结合在一起。需要特别强调的是，在一个人的素质形成过程中，个体自身的主动性和自觉性，对锻炼、培育和陶冶自身的素质，起着特别重要的作用。

这里涉及广义和狭义两个层面的思想道德素质的概念。

从广义上来讲，思想道德素质既包括思想政治素质、道德素质，也包括法律素质，它与科学文化素质和健康素质一起，构成人的整体素质，是人的素质的灵魂或核心。思想道德与法律虽然在知识层面有区别，在规范层面有差异，但它们在个体思想道德素质结构上是一体的。也就是说，思想政治素质、道德素质、法律素质共同构成了广义上的思想道德素质。

从狭义上来讲，思想道德素质则不包括法律素质，而只包括思想政治素质和道德素质。“基础”课所讲的思想道德素质是狭义上的，这是与本课程所理解的“思想道德”这个概念相适应的。这样，狭义上的思想道德素质就与法律素质一起，成为“思想道德修养与法律基础”课的核心概念。思想道德素质和法律素质，是大学生立身处世的两个最基本的素质，也是大学生成长成才的两个最重要的条件，是人们需要不断陶冶、培育和修养的重要素质。

具体来讲，本课程所讲的思想道德素质，主要包括思想政治素质和道德素质。思想政治素质是一种特殊的素养，是人们为实现本阶级利益而进行各种精神活动和实践活动的特定的品质。在人的各种素质中，思想政治素质是最重要的素质。江泽民同志在第三次全国教育工作会议上明确指出：“思想政治教育，在各级各类学校都要摆在重要地位，任何时候都不能放松和削弱。要说素质，思想政治素质是最重要的素质。不断增强学生和群众的爱国主义、集体主义、社会主义思想，是素质教育的灵魂。”① 同学们在加强思想道德修养的过程中，要着重加强思想政治素质的修养，把提高自己的思想政治素质放在突出的位置。道德素质是指生活在一定社会环境中的人从一定的道德原则和规范出发，在处理个人与他人、个人与社会的关系中所表现出来的稳定的心理特征和行为倾向，人们的道德涵养、道德境界以及认识、接受和遵守社会道德规范的表现，包括道德认知、道德情感、道德信念和道德行为等。道德素质包含着一个人的情操、气量、胸怀和风度，体现着一个人的道德水平和道德面貌。良好的道德素质，能凝结为崇高的道德境界，从一个重要的方面反映一个人的形象和人格。始终如一地坚持道德学习和道德修养，认真践履社会主义道德的要求，是提高个人道德素质的重要途径。

法律素质是指人们通过学习法律知识和进行法律实践，在社会的教育和熏陶下所形成的法律意识、法治精神、法律情感、法律信仰等心理因素和行为特征的总和，包括人们知法、守法、用法、护法的素养和能力。掌握必备的法律知识，树立正确的法律观念，拥有健全的用法能力，具备自觉的护法意识，构成了法律素质的基本要素。良好的法律素质对于保证人们合法地实施行为，依法维护各种正当的权益，形成依法办事的社会风尚，推进社会主义法治国家建设，具有重要的意义。

可见，思想道德素质和法律素质是人的素质这一有机体中不可缺少的基本素质，它体现着人们协调各种关系、处理各种问题时所表现出的是非善恶判断能力和行为选择能力，是政治素养、道德品格和法律意识的综合体，决定着人们在日常生活中的行动目的和方向。其中，思想道德素质是人的素质的核心，决定人们行动的目的和方向。法律素质也是人的素质的一个重要方面，影响人们行动的选择与实施。开设“基础”课的直接目的，就是要帮助当代大学生切实提高自身的思想道德素质与法律素质。

---

① 中共中央文献研究室．十五大以来重要文献选编：中．北京：人民出版社，2001：879.

怎样看待中国梦的实现与青年大学生成长成才的关系？

王　易

100 多年前，梁启超的《少年中国说》振聋发聩。近代以来实现民族复兴的历程中，广大青年无疑是追寻中国梦的生力军。五四运动后，无数青年满腔热血投身革命，壮志豪情建设国家。今天，实现中国梦，任重而道远，更需要一代代青少年的自觉担当，同时也为青少年提供了更加广阔的舞台。我们应当怎样看待中国梦的实现与青年大学生成长成才的关系？

实现中华民族伟大复兴的中国梦是一条贯穿 20 世纪中国最清晰、最强劲的历史主线，是跌宕起伏的 20 世纪百年大潮里最突出、最悲壮的时代主题，也是百余年来中国无数仁人志士不懈抗争、顽强追求的共同目标。同时，这个共同目标在不同历史时期又呈现出不同的时代内涵与要求。任何一种社会理想和目标，都是历史和现实的产物，这同时也构成了不同时代人们确立个体理想的现实规定性。

对于当代大学生而言，党的十八大报告中以两个“百年目标”为阶段性标志的中国梦还具有更为特殊的意义。第一个“百年目标”是到中国共产党成立 100 年时全面建成小康社会，第二个“百年目标”是到新中国成立 100 年时建成富强民主文明和谐的社会主义现代化国家。当代大学生将是实现民族复兴第一个“百年目标”责无旁贷的中坚力量，也毫无疑问将是在人生最丰美时期享用第一个“百年目标”硕果的幸运儿。第二个“百年目标”将实现于本世纪中叶。当代大学生的成长成才将无可例外地贴上与第二个“百年目标”同步、与中华民族伟大复兴的冲刺阶段合拍的历史标签。

一个人能否自觉地认识到自身的历史使命，能否主动地担负起历史赋予的责任，决定着一个人将在怎样的高度上实现自己的人生理想和社会价值。对于人生画卷初展的当代大学生而言，理应深刻认识并切实珍惜与“百年目标”相遇同行的人生机遇，让个人的人生理想与中国梦同圆，让自己的青春和人生在中华民族伟大复兴的壮丽事业中出彩。

人的成长与发展需要正确的方向指引，需要强大的动力支撑，也需要坚实的现实根基。当代大学生需要以高度的历史责任感主动担负起实现中国梦的神圣使命，并以中国梦指引自身的成长成才之路。

第一，中国梦指引大学生确立科学的人生理想。当代大学生人生理想的确立需要中国梦的指引。正如习近平总书记在同各界优秀青年代表座谈时所指出的：“理想指引人生方向，信念决定事业成败。没有理想信念，就会导致精神上‘缺钙’。”中国梦是全国各族人民的共同理想，也是青年一代应该牢固树立的远大理想。中国特色社会主义是我们党带领人民历经千辛万苦找到的实现中国梦的正确道路，也是广大青年应该牢固确立的人生信念。

当代大学生正处于人生发展定向的关键阶段，人生理想的选择和确立，是关系到未来走什么路、做什么人、为什么学的人生重大问题。大学生要树立科学的人生理想，就要正确认识和深刻理解当代中国的社会现实和基本国情，并以此为基点设定人生的奋斗目标和努力方向。当代中国最大的现实就是中国特色社会主义的伟大实践，最切实的社会发展目标就是中国特色社会主义的共同理想，这也是以两个“百年目标”为标志的实现中华民族伟大复兴的中国梦的题中应有之义。这个最大的现实提供了当代大学生产生、选择和确立人生理想的社会基础和现实规定，这个宏伟的共同理想则为大学生选择和确立个人理想指明了方向和参照。脱离社会现实和社会需要的自我设计、自我实现，难以避免落入狭隘与孤独、虚幻和空洞。

第二，中国梦提供大学生成长成才的人生动力。在人生的成长历程中，人生状态的改变必然需要有强大的人生动力作为支撑。海伦·凯勒曾说，一个人拥有了高飞的冲动，就再也不会满足于在地上爬行。这种“高飞的冲动”就是大学生成长成才的人生动力。

那么，人生动力又来自哪里？冯友兰先生将人生划分为“自然、功利、道德、天地”四重境界，一个只停留于物欲私利的人只是局限于低级的自然、功利境界中，而人生境界的提升需要向道德与天地境界挺进。有道德境界的人能了解到社会的存在，自觉自己是社会整体的一部分，并自觉为社会利益做事。天地境界则是一个人了解到超乎社会整体之上的宇宙的存在，并自觉为宇宙利益做事的最高人生境界。因此，一个人要获取人生发展的前进动力而又不至于在不断追逐物欲私利中迷失自我，就需要跳出自然、功利的低级境界，而努力向自觉为社会乃至宇宙服务的道德境界、天地境界提升。

在当代大学生的成长成才过程中，自觉为社会服务的道德境界，实质上就是自觉地将个体的成长成才融入中华民族复兴的洪流伟业之中，在为中国梦努力奋斗的历程中实现自我的人生价值。正如习近平总书记所说的："中国梦是国家的梦、民族的梦，也是包括广大青年在内的每个中国人的梦。'得其大者可以兼其小。'只有把人生理想融入国家和民族的事业中，才能最终成就一番事业。"

第三，中国梦明确大学生报效祖国的责任担当。中国梦不能靠做梦实现，理想也不能靠冥想达成。空谈误国，实干兴邦。即使理想离我们只有一步之遥，幸福也不会主动来敲门。走向理想的每一步都需要艰辛的奋斗，都需要一步一个脚印的实干。

因此，一切怀抱远大理想的青年大学生，其人生发展与价值实现都必须植根于祖国繁荣强大的沃土之上，报效祖国是每一个公民，当然也是青年大学生义不容辞的责任担当。"历史和现实都告诉我们，青年一代有理想、有担当，国家就有前途，民族就有希望，实现我们的发展目标就有源源不断的强大力量。""中国梦是历史的、现实的，也是未来的"；"是国家的、民族的，也是每一个中国人的"；"是我们的，更是你们青年一代的"。这个道理，无论是在救亡图存的近代中国历史，还是在今天改革开放的和平建设年代，其实质都是一样的。

今天的中国，奥运梦、世博梦、高铁梦已成真，神话传说般的飞天梦、潜海梦、航母梦已初圆，广大青年正是这一支支追梦大军的主力和中坚。未来中国，还有更多更美的梦想在向当代青年大学生发出召唤。正如党的十八大报告所指出的："中国特色社会主义事业是面向未来的事业，需要一代又一代有志青年接续奋斗。"这要求广大青年大学生珍惜宝贵的青春，以爱国之情、强国之志、报国之才勇敢担当起建设青春中国的神圣使命，让青春焕发出绚丽的光彩。

今天的中国大学生应当树立什么样的成才目标？

张 智

进入大学，人生也开启了新的旅程，许多大学生为升入向往已久的大学而激动和兴奋，但同时也为怎样度过未来四年而忧虑和迷茫。在实现民族复兴的中国梦的伟大历史进程中，大学生应该树立什么样的成才目标，如何在实现中国梦的伟大实践中创造自己的精彩人生？

在进入大学之前，很多学生可能并没有思考过“做什么样的人、成什么样的才”的问题，更多的是刻苦学习考入自己向往已久的大学和专业。但当真正步入大学后，一些之前从未想过的问题就接踵而至，这其中有一个关乎个人成长发展的大问题，即“要树立什么样的人才目标，如何才能实现这个成才目标”。解决这一问题，既需要同学们的认真思考，也需要老师们的悉心教导。

谈成才问题，首先要明白什么是人才。2010 年发布的《国家中长期人才发展规划纲要（2010—2020 年）》指出：“人才是指具有一定的专业知识或专门技能，进行创造性劳动并对社会作出贡献的人，是人力资源中能力和素质较高的劳动者。”这就告诉我们，无论是知识型劳动者还是技能型劳动者，只要干一行、爱一行，专一行、精一行，为社会做出贡献，都能够成为党和国家事业发展需要的人才。德才兼备的原则是衡量人才的重要标准，即人才应是品德、知识、能力和业绩的统一体。人人皆可成才。古往今来，此种事例俯拾即是。远的不说，当代的典型就不少。只有高中文化的“新型知识型工人”巨晓林立足岗位边学边干，革新工艺 43 项，独立编写出我国铁路电气化史上第一本施工教材。“学习型农民工”王钦峰经过十六载历练完成 40 多项工艺革新，成为全国劳动模范。他们在平凡的岗位上艰苦奋斗，奋发图强，为社会和国家的蓬勃发展做出了突出贡献，而他们成才的经历，生动诠释了“三百六十行，行行出状元”的道理。

当今世界，多极化趋势曲折发展，经济全球化不断推进，科技进步日新月异，人才资源已成为最重要的战略资源。人才在综合国力竞争中越来越具有基础性、长远性和决定性的作用。美国诺贝尔经济学奖获得者和人才资源理论创立者舒尔茨，把人才资源看作解开现代经济增长之谜的关键，认为重视人才资本是美国现代经济制度最突出的特色。比尔·盖茨把充满创新意识和团队精神的员工队伍看作企业最宝贵的财富。大学生是宝贵的人才资源。青年兴则国家兴，青年强则国家强。2013 年 5 月 4 日，习近平总书记在同各界优秀青年代表座谈时深刻指出："历史和现实都告诉我们，青年一代有理想、有担当，国家就有前途，民族就有希望，实现我们的发展目标就有源源不断的强大力量。""展望未来，我国青年一代必将大有可为，也必将大有作为。这是'长江后浪推前浪'的历史规律，也是'一代更比一代强'的青春责任。"大学生的成才目标，不仅关系每一个大学生个体的成长，而且关系国家和民族事业的兴衰成败。

既然人才这么宝贵，成才这么重要，那么大学生应该树立什么样的成才目标呢？从当代大学生个体的成长需要、当前党和国家事业的发展需求层面分析，我们认为，成为德智体美劳全面发展的社会主义事业的合格建设者和可靠接班人，是当代大学生需要确立的成才目标。

德是大学生成才成长的核心灵魂。随着改革开放和社会主义市场经济的深入发展，德在大学生成长成才过程中发挥着越来越突出的作用。大学生应当弘扬和践行社会主义核心价值观，以理想信念为核心，以爱国主义为重点，以公民基本道德规范和遵纪守法观念为基础，以人的自由全面发展为目标，自觉接受社会主义思想道德教育，让道德修养成为陪伴青春搏击的正能量。

智是大学生成才成长的基本内容。在工业化和信息化并存的时代，智是从事社会主义现代化建设的实际本领，是做对国家和人民有用的合格人才的基本条件。大学生要按照国家的需要、社会的要求、自我的设定，努力掌握科学文化知识，扎实学习专业基础知识，系统掌握专业应用技能，不断拓展知识领域、优化知识结构、丰富社会实践，不断提高学习能力、实践能力和创新能力。

体是大学生成才成长的基础保障。健康的体魄是学习、生活和工作的基础保障，也是为祖国、为人民服务的重要基础。大学生要了解体育运动基本知识，掌握科学锻炼基本技能，积极参加体育锻炼，养成锻炼身体的良好习惯；要保持心理健康，学会合理调控情绪，培育良好心态。只有身心健康、体魄强健、意志坚强，才能胜任今天的学习任务和明天的工作职责。

美是大学生成才成长的综合体现。美是衡量大学生成长成才的重要标准。良好的修养、高雅的品位、谦逊的风度、儒雅的谈吐，已然成为新时期大学生形象的综合体现。大学生需要提高文化艺术素养，养成高尚的审美情趣和具备良好的人文素养。大学生要树立正确的世界观、人生观、价值观，掌握了这把总钥匙，再来看社会万象、人生历程，诸多是非、正误、主次，诸多真假、善恶、美丑，自然洞若观火、清澈明了。

劳动可以树德、可以益智、可以强体、可以育美。要在学生中弘扬劳动精神，引导学生崇尚劳动、尊重劳动，懂得劳动最光荣、劳动最崇高、劳动最伟大、劳动最美丽的道理，长大后辛勤劳动、诚实劳动、创造性劳动，用双手创造美好幸福生活。

在确立了“德智体美劳全面发展的社会主义事业的合格建设者和可靠接班人”的成才目标后，接下来的问题就是如何实现这一目标。结合党的十八以来习近平总书记关于青年成长成才的重要论述，我们认为，大学生主要应从以下几个方面着手实现这一成才目标：

一是要立志，坚定理想信念。理想指引人生方向，信念决定事业成败。理想信念是人生目的的最高体现，也是人生发展的内在动力。习近平总书记指出，没有理想信念，或理想信念不坚定，精神上就会“缺钙”，就会得“软骨病”。一个精神上“缺钙”的人，是不可能承担时代所赋予的历史重任的。有理想就有人生的精神动力，有信念就能开辟美好未来。一个人的理想志愿只有同国家的前途、民族的命运相结合才有价值，一个人的信念追求只有同社会的需要和人民的利益相一致才有意义。中国梦是全国各族人民的共同理想，也是大学生应该牢固树立的理想追求。中国特色社会主义是我们党带领人民历经千辛万苦找到的实现中国梦的正确道路，也是当代大学生应该牢固确立的人生信念。

二是要勤学，练就过硬本领。学习是成长进步的阶梯，实践是提高本领的途径。2013 年 5 月 4 日，习近平总书记在同各界优秀青年代表座谈时指出，青年人正处于学习的黄金时期，应该把学习作为首要任务，作为一种责任、一种精神追求、一种生活方式，树立梦想从学习开始、事业靠本领成就的观念，让勤奋学习成为青春远航的动力，让增长本领成为青春搏击的能量。在知识更新日趋加速的今天，人们要想跟上时代发展的步伐，就必须不断学习。广大青年学生只有努力汲取先进的思想文化知识，不断增强知识更新的紧迫感，如饥似渴地学习知识，掌握学问，增强素质，提升能力，才能成为勤于学习、勇于担当、甘于奉献的栋梁之材，才能完成时代赋予的历史重任。

三是要修德，锤炼高尚品格。修业必先修德。近代教育家蔡元培先生也说过："若无德，则虽体魄智力发达，适足助其为恶。""德"是每个人成长成才的前提和基础，一个人的"才"只有与"德"相匹配，以"德"为引领，才能真正成为国家和人民需要的栋梁之材。正如习近平总书记说的那样："道德之于个人、之于社会，都具有基础性意义，做人做事第一位的是崇德修身"，"一个人只有明大德、守公德、严私德，其才方能用得其所"。要成为德智体美劳全面发展的社会主义事业的合格建设者和可靠接班人，关键要大力加强道德修养，注重道德实践，自觉弘扬爱国主义、集体主义、社会主义思想，积极倡导社会公德、职业道德、家庭美德和个人品德，以自己的实际行动促进社会文明道德的进步。

四是要自强，矢志艰苦奋斗。任何美好的理想，都不会唾手可得，都需要经过不懈努力。在新的历史条件下，继续弘扬中华民族自强不息、艰苦奋斗的精神，既是实现中华民族伟大复兴的中国梦的内在要求，也是当代青年成长成才的必由之路。习近平总书记曾指出："广大青年……立足本职、埋头苦干，从自身做起，从点滴做起，用勤劳的双手、一流的业绩成就属于自己的人生精彩。""要勇于创业、敢闯敢干，努力在改革开放中闯新路、创新业，不断开辟事业发展新天地。"要实现"德智体美劳全面发展的社会主义事业的合格建设者和可靠接班人"的成才目标，需要广大青年锲而不舍、继续奋斗。自强不息、艰苦奋斗不是一句简单的口号，必须落实到每个大学生的日常学习和生活中。

五是要笃实，坚持求真务实。《礼记》在谈到治学时说："博学之，审问之，慎思之，明辨之，笃行之。"在这五个阶段中，"笃行"是目标、是归宿、是结果，它要求我们必须把学到的知识运用于实践，自觉做到知行合一。习近平总书记曾多次强调："道不可坐论，德不能空谈。""人世间的一切幸福都需要靠辛勤的劳动来创造。"反对空谈，强调实干，是每个人成才的必由之路。要实现"德智体美劳全面发展的社会主义事业的合格建设者和可靠接班人"的成才目标，需要每个青年脚踏实地干好事业，兢兢业业做好工作，在时代大潮中建功立业，为实现中国梦奉献智慧和力量。

第一章

人生的青春之问

如何理解马克思主义所说的“人的本质是社会关系的总和”?

宋友文

在人类思想史上，追问“人是什么”“人的本质是什么”的“斯芬克斯之谜”永恒地吸引并考验着无数思想者的智慧，人们对它的阐释构成了一道人类自我认识的亮丽风景。许多思想家从不同的角度提出了自己的见解，其中不乏真知灼见，但由于历史和时代的局限，始终没有达到科学的境界，直到19世纪中叶，马克思运用历史唯物主义的立场、观点、方法，吸收人类思想史上优秀成果，提出“人的本质……在其现实性上，它是一切社会关系的总和”的命题，使人的本质的问题第一次得到科学的说明。如何理解马克思关于人的本质的问题的论述?

人的本质问题，是关于什么使人成为人、什么是人的根本特性的问题。许多思想家对此做过相关论述，例如人是政治动物、理性动物、制造工具的动物、文化的动物等等。这些见解都包含着某些合理的因素，反映了人的某一方面的特性，但这些静态的描述并没有从根本上真正揭示人的本质。根据马克思对人的本质所下的定义，我们可以从两个方面来理解。

一方面是关于人的一般本质，即人作为一个类区别于动物（狭义的）的根本特性是什么。在这个意义上，马克思认为人是劳动、实践的动物。劳动、实践是人不同于动物的根本特性。因为劳动、实践是人的存在方式，劳动创造了世界，创造了人本身。人既是劳动的产物，也是劳动的主体。在《1844年经济学哲学手稿》中，马克思指出“一个种的全部特性，种的类特性，就在于生命活动的性质，而人的类特性恰恰就是自由的自觉的活动”。与动物的无意识的、自然本能支配下的生命活动不同，人的生命活动是一种有意识、有目的、自由自觉的活动。马克思这里所说的“自由的自觉的活动”指的就是劳动，就是实践，特别是物质生产实践。这是人类得以生存和发展的第一个前提。通过劳动，类人猿的肌体、四肢、大脑逐渐变为人的肌体、四肢和大脑，使动物水平的自然属性提升为人的自然属性；通过劳动，人们形成一定的生产关系并在此基础上形成丰富多样的人际交往，使动物的群体性提升为人的社会性；通过劳动，人们在分工与合作中产生了语言符号和文化，这就为意识的进化提供了有力的支撑物和推进器，从而使动物处于萌芽水平的智能跃进为人的意识、思维和理性。

劳动还把人同劳动的对象分开，在人与自然、人与社会、人与自己本身的关系中确立主客体关系。劳动过程是人的本质力量的对象化：劳动产品是“一本打开了的关于人的本质力量的书”。人通过劳动及其产品，实现和证明着自己的本质，体验和认识到自己的本质。也正因为劳动是人的类本质，所以马克思把劳动的异化看作人的异化的前提，把产品异化看作人的异化的主要形式，把对劳动的占有，即私有制剥削，看作对人的占有、对人的本质的否定。人固然有许多属性，有许多不同于动物的特征，但人的本质属性、根本特征是人的自由自觉的劳动。其他一切属性、特征都是形成于劳动之中，由劳动所派生的，是受劳动支配和决定的。也只有通过劳动，这些属性才可能被理解为一个有机的“属性集”，各自在劳动的基础上，通过这个“属性集”得到合理的解释和说明。

另一方面是关于人的现实本质。劳动作为人的本质，准确的说法应当是：劳动是人类的本质，或人的类本质。对于一般的事物或动物来说，揭示出类本质，找到它区别于其他事物的根本属性就够了。人则不同。劳动不是人类个体所固有的特性，人作为孤立的个体并不具有这些特性，并不能从事现实的劳动。在社会历史上，劳动与劳动是不同的。谁都知道，奴隶的劳动不同于奴隶主的劳动，农民的劳动不同于地主的劳动，无产阶级的劳动不同于资本家的劳动。而且奴隶的劳动、农民的劳动，以及无产阶级的劳动之间也是不可同日而语的。

所以，对于马克思主义人学理论研究来说，仅仅了解人的劳动本质是远远不够的。因为它没有考虑到一定的社会形态和社会结构。撇开了各个不同历史时期的人的不同的经济关系、政治关系和思想关系，无法真正理解人的现实本质，了解到的充其量也就是“类本质”。费尔巴哈由于把人看作生物的人，所以他的人的本质的理论也就始终停留在“类本质”的层次上。对于马克思主义来说，在承认人的一般本质的前提下，还要继续揭示不同的劳动条件下造就的不同的个人，因为“个人是什么样的，这取决于他们进行生产的物质条件”。况且，当年马克思所关心的不是人和动物的不同，而是这个或那个社会经济形态中的人，首先是资本主义社会经济形态中的从事现实活动的人，亦即作为一定社会关系之总和的人。因此，马克思在《关于费尔巴哈的提纲》中就指出：“人的本质不是单个人所固有的抽象物，在其现实性上，它是一切社会关系的总和。”这是马克思主义关于人的本质的理论中的一个根本性的命题，标志着马克思对人的本质的认识达到了一个新的高度。

人的本质是劳动，人的本质是一切社会关系的总和，这是马克思对人的本质的两种表述。如何看待它们之间的关系？哲学界存在不同看法：一种看法是“劳动”是马克思的早期思想，还属于费尔巴哈人本学的范畴，成熟的马克思用“一切社会关系的总和”否定、代替了“劳动”的提法；一种看法是“劳动”和“一切社会关系的总和”都是科学的，具有同等重要的独立意义；还有的人在实际理解和论述中，只提“劳动”而不提“社会关系的总和”，认为人的本质只能是“劳动”而不能是其他。

笔者认为，人的本质是劳动的提法具有科学性。尽管这一命题还保留着费尔巴哈的术语和痕迹，但就其思想实质来讲，前者与后者是根本不同的。费尔巴哈说的“类特性”，是人类共同的生物属性，马克思说的是劳动实践；费尔巴哈只讲“类特性”，着眼于个体和类的关系，马克思从未讲过人只有“类本质”，事实上，他既讲“类本质”，又讲一定历史条件下的“现实本质”，强调个人和社会的关系。所以，在马克思的思想发展史上，从“人的本质是劳动”到“人的本质是一切社会关系的总和”，不是后者对前者的否定，而是后者对前者的深入，深入劳动内部，根据劳动的条件和方式，来揭示和思考人的本质问题。应当这样来理解二者的关系：“人的本质是劳动”这一命题是正确的，但不充分；“人的本质是一切社会关系的总和”是以“人的本质是劳动”为前提的；“人的本质是劳动”有待于深入或具体化为“人的本质是一切社会关系的总和”。需要指出的是，《关于费尔巴哈的提纲》的中心思想就是承认劳动实践活动，就是把实践活动和社会关系结合起来研究人和人的问题，并以此批判旧唯物主义。列宁说，旧唯物主义“抽象地理解‘人的本质’，而不是把它理解为‘一切社会关系的〈一定的具体历史条件下的〉总和’，所以他们只是‘解释’世界，而问题却在于‘改变’世界，也就是说，他们不理解‘革命实践活动’的意义”。

从马克思的整个思想体系来看，“人的本质是劳动”和“人的本质是一切社会关系的总和”是有机地联系在一起的。因为在现实生活中，劳动和社会关系是有机地联系在一起无法分割的。一方面，劳动离不开社会关系，社会关系是劳动得以进行的社会形式，人的劳动无不是在一定社会的经济关系、政治关系、思想文化关系之中进行的。另一方面，社会关系也离不开劳动，如果没有人的生产劳动和其他社会实践活动，也就不可能存在任何现实的社会关系，劳动是社会关系赖以存在的社会内容。所以，不同的社会关系对劳动发生不同的影响和作用，而不同的劳动及其他实践活动又不断地创造出新的不同的社会关系。在历史上，一定的社会关系是对象化、客体化了的社会劳动，是人类社会劳动的产物：而一定的社会劳动又处处凝结着、渗透着社会关系，是人类社会关系作用的结果。总之，它们是相互影响、相互制约的。当然，“人的本质是劳动”和“人的本质是一切社会关系的总和”，二者是有区别的。首先，“人的本质是劳动”是把人作为类看待，强调人和动物的区别；“人的本质是一切社会关系的总和”主要指“单个人”（个人）的本质，把个人（以及民族、阶级）作为一定社会关系的载体，把人与人相区别。也就是说，在“一切社会关系的总和”中可以进行人的“国民性”“民族性”“阶级性”的现实思考，如无产阶级的“本质”和资产阶级的“本质”。劳动作为人的类本质，是人的一般本质，具有不变性。人是劳动的动物、实践的动物，这种思想从总体上适用于任何时代。社会关系的总和作为单个人的本质，是人的现实本质，它是可变的。不仅原始社会的人不同于奴隶社会的人，而且在同一社会形态下，特别是阶级社会中不同阶级的人也是不同的。随着社会关系的改变，人的现实本质也发生变化。在马克思主义哲学中，“人的本质是劳动”和“人的本质是一切社会关系的总和”的提法，都是科学的，都是必要的。从理论上讲，“劳动”比“社会关系”更根本。但就其现实意义而言，人的现实本质比人的一般本质更重要。从劳动的观点考察人，只能看到人的抽象的同一性，人就是人，人不同于动物；而从社会关系的角度考察人，则可以发现人的社会属性，在阶级社会中发现人的阶级属性。严酷的社会现实告诉我们：每一个人都是人，而在资产阶级眼光中，工人却不完全是人。在阶级社会中，如果只是认识到地主和农民、工人和资本家都是人，都和动物有不同，虽然这在一定意义上也没有错，但却很难称得上是马克思主义的观点。如果我们以这样抽象的理论来指导现实的革命和建设活动，就必然会迷失方向，误入歧途。

为什么说人生目的是人生观的根本问题？

宋友文

奥地利作家茨威格说："一个人生命中的最大幸运，莫过于在他的人生中途，即在他年富力强时，发现了自己生活的使命。"马克思中学毕业时决心要选择"最能为人类福利而劳动的职业"，周恩来青年时期曾立下"为中华之崛起而读书"的志愿，青年鲁迅也曾发出"寄意寒星荃不察，我以我血荐轩辕"的人生宣言。同这些伟人确立的人生目的相比，有些人认为"人生在世，吃喝二字"，有的人奉行"浮生若梦，得过且过"，还有人相信"生活就是人为财死，鸟为食亡"。请问这些不同的人生目的对他们的人生轨迹是否有影响，有什么影响？

不同的人生目的对个人的人生轨迹有着重要影响。所谓人生目的，是指活着的人在自己所处的历史条件下，对"人为什么活着"这个人生根本问题的认识和回答，是实践中关于自身行为的根本指向和人生追求。人生目的决定人生道路，人生目的决定人生态度，人生目的决定人生价值标准。

首先，有什么样的人生目的，就会有什么样的人生道路，人生目的决定人生道路。一方面，人生目的规定了人生活动的大方向，对人一生所从事的各项具体活动起着定向的作用；另一方面，人生目的又是人生行为的动力源泉，为实现人生目的，人将不断激励自己注重培养能力、磨炼意志、奋发进取、努力拼搏。马克思在青年时期思考自己的人生道路时，希望自己的职业能够实现"人类的幸福和我们自身的完美"，并认为人只有"为同时代人的完美、为他们的幸福而工作，才能使自己也达到完美"。基于这样的人生目的，马克思最终选择了"最能为人类福利而劳动的职业"。正是在这种人生目的的支撑和引领下，马克思作为无产阶级的革命导师，克服常人难以承受的重重困难，为全人类解放的事业奉献了自己的一生，真正实现了自己青年时立下的志愿："我们的幸福将属于千百万人，我们的事业将默默地、但是永恒发挥作用地存在下去，而面对我们的骨灰，高尚的人们将洒下热泪。”13 岁的周恩来用“为中华之崛起而读书”回答老师关于“为什么读书”的提问，在确定读书目的的同时，他也确定了自己的人生目的，并用自己的一生践行，为了中华之崛起而“鞠躬尽瘁，死而后已”。中华崛起是他人生努力的方向，也是激励他不断前行的动力源泉。青年鲁迅发出“寄意寒星荃不察，我以我血荐轩辕”的人生宣言。为了实现这一宣言，他的一生便是“横眉冷对千夫指，俯首甘为孺子牛”。邓小平一直把自己看作“中国人民的儿子”，他为中国人民的利益而拼搏、奋斗了一生。“两弹一星”之父邓稼先，青年时期看到因科技落后而备受欺凌的中国，立志要“学好一生本领，报效祖国”。因此，他在美国获得物理学博士学位后，毅然放弃国外优越的物质条件，回到刚刚燃起希望之火，却仍是贫穷落后的中国。他在中国最荒凉、最偏僻的地方隐姓埋名，为祖国的核事业做出了不可磨灭的巨大贡献。古今中外许多创造了辉煌壮丽人生的仁人志士，大多在青年时期就确定了伟大的人生目的，将自己的人生目标与国家前途、民族命运联系在一起，从而在人生的一系列重大抉择中，做出了正确的选择，使自己在正确的人生道路上稳步前进。

其次，有什么样的人生目的，就会有什么样的人生态度，人生目的决定人生态度。人生的道路并不是时时都是一条平坦的大路，它本就崎岖不平、坎坎坷坷，充满了各种各样的矛盾和挑战，不同的人生目的会使人采取截然不同的人生态度。美国励志家拿破仑·希尔曾指出：“人与人之间只有很小的差异，但是这种很小的差异却可以造成巨大的差异。很小的差异即积极的心态还是消极的心态，巨大的差异就是成功和失败。”现实生活中很多事例在展示着这一道理：人生态度上看似不起眼的差异却会引起人生结果的截然不同。

有一个经典的“砌墙”故事，将这一人生道理生动地展现在我们面前。三个砌墙工人工作时，一个好管闲事的人过来问：“你们在干什么?”第一个工人略带怨气地回答：“没看见吗？砌墙呢!”第二个工人抬头看了一眼提问者说：“我们在盖楼房呢!”第三个工人站了起来骄傲地说：“我们在建造一座城市!”十年过后，这三个人的命运发生了巨大的转变。第一个人在另一家工地上砌着另一面墙；第二个人坐在建筑公司的办公室里画图纸，他成了一名建筑工程师；第三个人在城市的各个角落奔波调查、规划，他成了一名城市规划员。对所做事情的回答，体现了三个人三种不同的人生目的。第一个“砌墙”的人为了生活而活着，第二个“盖楼”的人为了实现个人价值而努力，第三个“建城”的人为了更多的人生活得更好而奋斗。三种不同的人生目的产生了三种不同的人生态度，三种不同的对待自己所做事情的态度，造就了三种不同的人生结果。故事虽然有夸张的成分，但却有其合理之处。正确的人生目的更容易催发积极、乐观的人生态度，使人无所畏惧、顽强拼搏、积极进取。马克思在其革命生涯中遭遇了无数次的困难与挫折，其中有许多甚至威胁到他和家人的生命安全，但正是出于要为人类做贡献的人生目的，马克思不屈不挠，战胜各种常人难以想象的困难，发现了人类社会的历史规律，启动了全人类的解放事业。积极乐观的人总会为了达成目标做各种尝试、各种努力，有努力就会有回报，所以积极乐观者的人生结果往往要好于低沉、消极的人生态度持有者。错误的人生目的会使人或是投机钻营、铤而走险、违法犯罪，或是虚度人生、游戏人生、放纵人生，或是悲观消沉、看破红尘、厌世轻生。人生目的是人生中源源不断的生命动力，正确的人生目的，会使人以昂扬乐观的人生态度来对待坎坷、挫折，更容易做到“不用扬鞭自奋蹄”。

最后，有什么样的人生目的，就会有什么样的人生价值标准，人生目的决定人生价值标准。人生价值是一种特殊的价值，是人的生活实践对于社会和个人所具有的作用和意义。由于人们的认识水平、社会经历和所处环境不同，利益和兴趣各异，因此人生价值具有个性化、多元化、多样化等特征。人生价值包含自我价值和社会价值两个方面。人生的自我价值，是个体的人生活动对自己的生存和发展所具有的价值，主要表现为外界对自身物质和精神需要的满足程度。人生的社会价值，是个体的人生活动对社会、他人所具有的价值，表现为自身对社会和他人所做的贡献。人生价值标准是指对人生价值的评价标准，具有一定的客观性。不同的人生目的使人拥有不同的人生价值标准，正确的人生目的，会以人的社会价值为人生价值的评判标准。错误的人生目的，往往只顾及个人的自我价值，将人的社会价值抛之于脑后。

马克思主义认为，人是社会中的人，人生活在各种各样的社会关系中，离开了一定的社会基础，个人就不能作为人而存在，当然也无法创造人生价值。人的社会性决定了人的社会价值是人生价值的最基本内容，一个人的生活具有什么样的价值，从根本上说是由社会所规定的，而社会对于一个人的价值评判，也主要是以他对社会所做的贡献为标准。马克思主义在强调人的社会价值的同时，并未排斥人的自我价值，因为人生的自我价值是个体生存和发展的必要条件，自我价值是社会价值的前提和必要条件。生活在这个世界上的大多数平凡人在为人生的自我价值而努力奋斗。如果人只想着自己，认为“人不为己，天诛地灭”，想着“人为财死，鸟为食亡”，主张自身就是目的，具有最高价值，他人和社会只是达到个人目的的手段，那么这个人很可能走上自私自利、违法乱纪、自取灭亡的道路。正确的人生目的引导人除了考虑个人的自我价值外，更多考虑自身的社会价值，时刻心里有他人，想着别人需要什么、能够为别人做什么，这样人生道路才会越走越宽。除此以外，人生价值标准是影响人生选择的重要因素，正确的人生目的使人在面对人生选择和从事具体工作时，能够更多考虑行为的社会价值，从而在工作中尽心、尽力、尽责，最大限度地做出贡献。错误的人生目的则会使人只看到自己，想到个人私利，将人生价值理解为向社会或他人不断索取，甚至为了追逐个人的私利而损害他人、社会的利益。

综上所述，不同的人生目的对个人的人生轨迹有着重要的影响，人生目的是人生命活动的总目标，是人生实践活动的前提和起点，决定人生的根本方向、道路选择、人生态度和价值评价标准，是人生观的根本问题。正确的人生目的，对人一生的发展至关重要。青年应自觉树立正确的人生目的，自觉选择“为人民服务”的人生目的，为中国特色社会主义建设贡献自己的力量。

如何理解为人民服务的高尚人生观?

宋友文

2016年3月5日“雷锋纪念日”当天，“身边的雷锋”官方微博下面，有网友评论说，雷锋的故事是假的，就算真的有雷锋，他也一定是个傻子。聪明人谁会一直那样舍己为人？请问，你认为雷锋傻吗？如果你认为雷锋傻，那你了解张思德、邓稼先、焦裕禄、孔繁森、任长霞、牛玉儒、丛飞、毛秉华、赵亚飞、秦开美等人物的事迹吗？如果了解其中一两个的话，那你认为他们傻吗？如果你认为雷锋不傻，请说明理由。

改革开放以来，我国处于社会主义计划经济向社会主义市场经济变革、各种利益关系调整和各种文化思潮交融交织的复杂局面，在这种社会环境下，人们的思想观念也呈现出复杂多变、多元多样的状态。人们的思想不再像之前一样单一，对待人生价值的态度也不尽相同。在这样的环境下，有网友竟躲在虚拟网络的背后，发表“雷锋是个傻子”“雷锋的故事是编造的”等言论。对此，我们的态度不应是模棱两可的回避态度，必须要鲜明地指出，雷锋不傻，张思德、邓稼先、焦裕禄、赵亚飞等人都是英雄，他们都不傻。如果他们是“傻子”的话，社会需要这样的“傻子”，人民需要这样的“傻子”，我们也希望自己能够做到这样的“傻”。

对于雷锋的故事我们每个人既熟悉又陌生。雷锋于1940年12月出生于湖南省望城县（今望城区）一个贫苦家庭。他7岁时父母双亡，成为孤儿，9岁参加儿童团并成为儿童团团长，14岁加入中国少年先锋队。后因工作表现突出，他20岁时成为一名中国人民解放军。22岁时，他在一次出勤中因公殉职。对于雷锋的故事，我们熟悉的是：他勤奋好学，努力学习党的理论和科学文化知识；爱岗敬业，无论在哪个岗位都经常被评为工作模范；热心帮助他人，捐款捐物从不吝惜个人钱财；等等。而我们不熟悉的是，雷锋也是一个追求时尚、热爱青春的年轻人。他喜欢参加各种文体活动，并经常在集体活动中积极地展现自己，是一个爱热闹的人。同时，雷锋还是一个时尚青年，他爱美，有手表、皮夹克和皮鞋，还是一个很爱照相的人。雷锋也有缺点和不足，有时候还喜欢向别人炫耀他的军功章。不仅如此，雷锋还和所有年轻人一样，有过朦胧的爱情和青春，甚至还写过爱情诗。雷锋并不是神，离我们也没那么遥远，他也并不像有些人想象的那样“傻”，他会为了个人的价值、自己的荣誉而努力，他也渴望拥有真切的友情、美好的爱情。他与一般人不同的也只有，他更容易、更经常想到他人，喜欢别人因自己所做的事开心、欢笑的样子，喜欢自己被他人欢迎。可也正是这一点区别，使他做出了许多别人觉得“傻”的事情。社会上绝大多数人也在努力追求这种“傻”，希望自己可以成为这样的“傻子”，为别人做自己力所能及的事情，从而构建一个和谐社会。

当今时代条件下，我们学习雷锋，主要学习的是雷锋精神，而不是单纯地学习他的做法。雷锋精神的核心是公而忘私、全心全意为人民服务的奉献精神。这种精神是马克思主义的一贯主张。马克思、恩格斯在《共产党宣言》中指出：“过去的一切运动都是少数人的，或者为少数人谋利益的运动。无产阶级的运动是绝大多数人的，为绝大多数人谋利益的独立的运动。”列宁在《党的组织和党的出版物》中谈到无产阶级文学为谁服务时说：“它不是为饱食终日的贵妇人服务，不是为百无聊赖、胖得发愁的‘一万个上层分子’服务，而是为千千万万劳动人民，为这些国家的精华、国家的力量、国家的未来服务。”毛泽东多次强调，只有具有以为人民服务为核心的崇高精神的人，才是“一个高尚的人，一个纯粹的人，一个有道德的人，一个脱离了低级趣味的人，一个有益于人民的人”。这一历程展现了“为人民服务”思想的形成及发展过程，反映了无产阶级人生观和道德观的形成、发展和完善过程，体现了无产阶级高尚人生观、道德观的优良传统。

之所以说“为人民服务”的人生观、道德观是具有现实性、可以实现的科学高尚的人生观，是因为我们的身边用行动践行这种人生追求的人很多，除了雷锋及同时代的张思德、焦裕禄、孔繁森等耳熟能详的英雄以外，还有新世纪的打黑英雄、人民公仆任长霞，将爱心洒满人间的歌手丛飞，公益先锋赵普，以及将自己视为农民的儿子、一生奉献农业帮助农民脱贫致富的共产党员赵亚夫，等等。

一个人树立了为人民服务的人生观，就能对人生目的有更为深刻的理解。个人的能力或大或小、职业不尽相同，职位也有高低，但只要科学认识人生目的，切实把人民利益放在首位，以人民利益为重，坚持把实现个人追求与实现党和国家的奋斗目标、人民利益紧密联系起来，不为狭隘私心所扰，不为浮华名利所累，不为低俗物欲所惑，就能够不断实践高尚的人生价值。

一个树立了为人民服务人生观的人，就能以正确的人生态度对待人生、对待生活，始终对祖国和人民具有高度的责任感，在服务人民、奉献社会中实现自己的人生价值。人的一生总会有各种各样的际遇，或得意或失意，有顺利也有挫折，有成功也有失败，而只有树立起为人民服务的人生观，才能以积极的心态看待人生。心中拥有大爱，才能无惧小利的得失。雷锋、张思德、焦裕禄、赵亚夫等人，都将心中的爱放大了，不只关照了自己身边的朋友、亲人，还将生命中的路人放在了自己的心里。正是因为心里有了别人，他们才能在工作中认真负责、恪尽职守。“为人民服务”听着似乎是高高在上的一个道德标准、人生目标，但其实它离我们的生活一点也不远。大学生应努力学习文化知识、加强体育锻炼、培养道德情操，为了以后从事具体职业做准备。这也是在为“为人民服务”打根基。在未来的工作中，大学生应心里常怀自己的服务对象，将个人的努力与人民的事业结合起来，用坚韧不拔的意志战胜生活、学习和工作中的种种困难和挫折，在不断开拓人生更高境界中领会生活的美好。

雷锋、张思德、邓稼先、焦裕禄、孔繁森、任长霞、牛玉儒、丛飞、毛秉华、赵亚飞、秦开美等人并不傻，他们是伟大的人，他们也是普通人，他们只比我们普通人优秀一点，进步一点，高尚一点。他们只是将事物、感情在心中排队时，将别人放在了自己前面一点；只是在面对人生选择时，更多地选择有利于大多数人的选项；只是在对待个人利益时，看得比我们轻了一点。我们每个人只要进步这么一点、高尚这样一点，就都可以成为这样一个受人尊敬的“傻子”。

如何理解人生的自我价值和社会价值之间的相互依存关系？

宋友文

1980年5月，一封署名为“潘晓”的读者来信《人生的路呵，怎么越走越窄……》发表在《中国青年》杂志上。这封信用沉重、幽怨、郁闷、诚挚、激愤的笔触书写了人生痛苦和创伤，一经发表，便引发一场全国范围内关于人生观的大讨论。在讲述了自己在工作、爱情、家庭生活中所经历的种种不幸后，潘晓最后这样写道：“我体会到这样一个道理：任何人，不管是生存还是创造，都是主观为自我，客观为别人，就像太阳发光，首先是自己生存运动的必然现象，照耀万物，不过是它派生的一种客观意义而已。所以我想，只要每一个人都尽量去提高自我存在的价值，那么整个人类社会的向前发展也就成为必然了。这大概是人的规律，也是生物进化的某种规律——是任何专横的说教都不能湮没、不能哄骗的规律！”虽然这是一场30多年前的讨论，但它所引发的思考直至今日仍具有重要价值。请问，在这场讨论中，我们究竟应该如何理解人生的自我价值与社会价值之间的关系？

“这是一颗真实的、不加任何粉饰的信号弹，赤裸裸地打入生活，引起反响。”在所有对这封信的比喻里，太原读者贺海毅的这句话最为独特而贴切。每一个时代都有困扰当代人的问题和痛楚，不同时代的背景虽不尽相同，但其中也有诸多共性的东西。从20世纪80年代开始，改革开放迈开大步向前走，直至今日，党提出了要进一步推进改革开放，可见我们当前所处的时代与20世纪80年代有着不可分割的联结，这种联结不仅是物质上的，更是精神上的，这便是共性的东西。许多人的价值观在改革开放的巨变中显得如此无助，四处彷徨却无处安放，尤其是当面对自我与社会之间的问题时更是如此，这便是潘晓所提出的主观为自我、客观为别人的核心问题：我们究竟应该如何看待自我价值与社会价值之间的关系？二者是否必然矛盾？

正如每个人生下来就不是一个纯粹与世隔绝的人一样，人生价值也不是单一的，它内在地包含了人生的自我价值和社会价值两方面。人生的自我价值是个体的人生活动对自己的生存和发展所具有的价值，主要表现为外界对自身物质和精神需要的满足程度。人生的社会价值，是个体的人生活动对社会、他人所具有的价值。衡量人生的社会价值的标准是个体对社会和他人所做的贡献。虽然从字面上我们可以看似轻松地将自我价值与社会价值区分开来，但在实际生活中，我们却很难做到这一点。我们所做的选择看似是由自己做出的，所希望实现的目标、所欲求的东西似乎都是我们作为个体的想法，但仔细想来，这一看法存在问题。因为从出生起，我们就由医院接生，由爸妈和身边众多的亲人抚养长大，我们所阅读的书、所受的教育、所接受的医疗、所享受的公共设施、所购买的食物、所消费的服饰等，皆是由社会创造的。因此可以说，绝大多数的个人和社会之间在现实生活中不可能截然分开，社会对个人的影响也不可能被我们完全地看透并分离出来，我们所做出的决定、我们认为对我们有价值的东西、我们需要的满足究竟有哪些是受到社会的影响，是难以估量的。而个人和社会并不是截然分开的也就意味着人生的自我价值与社会价值同样不是截然分开的。

事实上，人生的自我价值和社会价值毫无疑问存在区别，因为社会不是个人的简单相加，即使生活在同一社会中，个人之间也不可能完全一致，人们接受的教育、阅读的书、所接触的人、所经历的事件、所享有的资源之间的差异必然造就不同的人，正是这些差异化的人才组成了一个有生机、有活力的社会。但我们更应该看到，在这些差异化的个人背后，或无形或有形的联结物将这些个体联系在了一起，组成了一个社会。离开了个体的社会是不可思议的，离开了社会的个体同样也是令人担忧的，脱离开整个社会在现今不仅是不现实的，也是不可持续的，离开了社会的个体根本无法生存和发展。因此，在这样的背景之下，我们应该看到，一方面，人生的自我价值是个体生存和发展的必要条件，人生自我价值的实现是个体为社会创造更大价值的前提。个体的人生活动不仅具有满足自我需要的价值属性，还必然地包含着满足社会需要的价值属性。个体通过努力提高自我价值的过程，也是其创造社会价值的过程。因此，虽然人们之间是不同的，追求的价值也不同，但社会却并不能肆意打压和排挤这些不同，只要人们的言论和行为及其实现自己价值的方式不以牺牲他人为前提，只要人们所肯定的自我价值是正当的，就应该受到尊重和保护，诸如潘晓这样的言论，反映的是一代人对于人生的迷惘和对于体制的感受，这样的声音不仅不应该被压制，反而应该被倾听，潘晓们之所以会痛苦，正是因为他们有着向善、向美、向真的追求。他们必定有着自己所积极追求的目标和价值，只不过在现实生活中不仅看不到希望的实现，反而看到自己所肯定的价值一点点被侵蚀，从而产生了彷徨，不知究竟应该如何选择，不知道是坚持原有的价值还是随波逐流，放弃自己的坚持。我们今天能探讨这一场20世纪80年代的讨论，证明我们的社会是开放的、包容的，这样的困惑同样存在于当代人身上。事实上，只要每个人所肯定和追求的价值都不是为了损害他人，无论其内容如何，都应该被尊重，并允许其创造条件实现自身价值。在这个实现自身价值的过程中，整个社会也在变得更加完善、更加包容、更加进步，经历了一场潘晓讨论，我们见证了改革开放过程中所存在的问题，也见证了一代人为了解决这些问题所做出的努力，更见证了社会的进步和生活于其中的人们在这一过程中所实现的人生自我价值。可见，人生的自我价值是个体生存和发展的必要条件，自我价值的实现是个体为社会创造更大价值的前提。

另一方面，人生的社会价值是社会存在和发展的必然要求，人生社会价值的实现是个体自我完善、全面发展的保障。没有社会价值，人生的自我价值就无法存在。人是社会的人，这不仅意味着个体物质和精神的需要必须在社会中才能得到满足，还意味着以怎样的方式和在多大程度上得到满足也是由社会决定的。在社会主义社会，一个人的需要能不能从社会中得到满足，在多大程度上得到满足，取决于他的人生活动对社会和他人的贡献，即他的社会价值。诸如潘晓讨论这样的讨论在封建社会是不太可能出现的，在一个人们连吃住都无法满足，人的生命甚至家人的安全并不由自己掌握的社会里，精神上的需要绝不是迫切的需要。虽然这并不否认崇高精神需要的重要性，但是应该看到，一个社会的进步程度决定了生存于其中的人们所希望实现的价值的内容范围和对这些价值的排序，所以自我价值和社会价值绝不是可以割裂开的，也绝不是对立的，一个良好的社会环境需要每一个人为了这个社会价值而尽自己的一份力，这份力量不仅是为他人付出的，也是为自己付出的，因为这份力量反过来又会为自己人生价值的实现创造出一个和谐的大环境，从而为自我价值的实现奠定基础、创造条件。回到潘晓讨论这个事件，不难发现，潘晓只是一个符号，是特殊历史时期的产物，是一代青年对爱与激情、人生的痛苦与迷惘进行思索与讨论的一个象征性符号，这个事件使得人们将自我价值和社会价值之间的关系放到一个无比正式的场面上来讨论，起到了推动时代进步的作用。正如中国青年杂志社原总编辑彭波所言：“改革的一切都是为了生产力的解放，也就是说，是人的个性的最大解放。

中国 30 年的改革开放，正是从‘人生的路为什么越走越窄’的疑问和不满走向寻求变革、寻求个性解放、寻求创造的过程。潘晓的所有疑问不仅是对‘文化大革命’的反思，更是对旧体制的诘问。当让潘晓痛苦万分的生存环境一点点消失之后，我们意识到，那一场人生观的大讨论实际上是对建立社会主义市场经济而进行的一次必然铺垫。”现今我们谈论潘晓讨论，是在一个更加包容、更加自由、更加民主的社会里谈的，这也证明了社会价值的实现不仅不会阻碍自我价值的实现，反而有助于每个个体的人生发展和自我价值的实现。越来越多的人关注价值实现的问题，认识到个人与社会的共生关系，从而推动实现价值的环境日益健全，这或许是潘晓讨论在当今中国的生命力来源。

如何定义成功？衡量成功人生的标准应该是怎样的？

张苗苗

有人认为，有钱就是成功；有人认为，有名就是成功；有人认为，名利双收才是成功。什么样的人生才是成功的人生？衡量成功人生的标准到底应该是怎样的？

如何定义成功？这一问题有很强的现实针对性。在拜金主义、享乐主义、个人主义盛行的今天，人们对于这一问题难免有疑问、有困惑。人生价值及其衡量标准，实际上是人生观与价值观的核心问题。

人生价值内在地包含了人生的自我价值和社会价值两个方面。人生的自我价值，是个体的人生活动对自己的生存和发展所具有的价值，主要表现为外界对自身物质和精神需要的满足程度。人生的社会价值，是个体的人生活动对社会、他人所具有的价值。人生的自我价值和社会价值相互区别，很多时候，人们都在这两个方面的价值之间矛盾和挣扎。但同时，人生的自我价值和社会价值又相互依存，人们最终在二者的统一中实现人生价值。一方面，人生的自我价值是个体生存和发展的必要条件，人生自我价值的实现是个体为社会创造更大价值的前提，个体通过努力提高自我价值的过程，也是其创造社会价值的过程。另一方面，人生的社会价值是社会存在和发展的必然要求，人生社会价值的实现是个体自我完善、全面发展的保障，没有社会价值，个体就无法获得社会的认可与支持，无法获得社会的资源与平台，无法获得生存与发展，其自我价值就无法存在。

人是社会的人，每一个人都无法脱离社会而独立存在，这意味着个体需要必须从社会中得到满足，而以何种方式、在多大程度上得到满足，也取决于社会，取决于个体对于社会与他人的贡献。任何个体的人生价值都必须在社会及社会关系中才能够实现。1845 年春，马克思在《关于费尔巴哈的提纲》中指出："人的本质不是单个人所固有的抽象物，在其现实性上，它是一切社会关系的总和。"① 1845—1846 年，马克思、恩格斯在《德意志意识形态》中再次强调："我们的出发点是从事实际活动的人……但不是处在某种虚幻的离群索居和固定不变状态中的人，而是处在现实的、可以通过经验观察到的、在一定条件下进行的发展过程中的人。"② 这也就是说，人的本质具有社会性，任何人都会打上他所生活的社会关系的烙印。同时，这种社会关系具有整体性，即"一切社会关系的总和"是诸多社会关系的有机统一，从这一点出发，我们就能理解为什么人不能只想到自己，不能只顾及自己的利益与需要，还应该去自觉地关照他人与社会。此外，人的自然属性不是人的本质属性，它是人社会属性的物质承担者，社会属性才是人的本质属性，人生的价值不取决于个体对自我需要的满足，而取决于个体对于他人与社会的贡献。更进一步来说，社会对于一个人的价值评判，也主要是以他的社会价值为标准。个体对社会和他人的生存发展贡献越大，其人生价值也就越大，反之，其人生价值就越小。正如毛泽东所说的那样，只有具有全心全意为人民服务的精神、毫不利己专门利人的精神的人，才是"一个高尚的人，一个纯粹的人，一个有道德的人，一个脱离了低级趣味的人，一个有益于人民的人"。

总结来说，评价人生价值，根本上是看一个人的人生活动是否符合社会发展的客观规律，是否通过实践促进了历史的进步。劳动以及通过劳动对社会和他人所做出的贡献，是社会评价人生价值的普遍标准。一个人对社会和他人所做的贡献越大，他在社会中获得的人生价值的评价就越高。劳动和贡献的尺度作为社会评价人生价值的基本尺度，正是对人生价值评价根本尺度的一种具体化。在我们今天所处的社会主义社会中，衡量人生价值，最重要的就在于看一个人是否以自己的劳动和聪明才智为中国特色社会主义真心真意奉献，为人民群众尽心尽力服务。需要注意的是，很多时候，价值的实现与社会认可成正比，人生的社会价值与自我价值成正比。个体价值的实现程度越高，社会认可的程度越高，所获得的社会资源就越多，自我需要的满足程度也越高。所谓的成功，最后多是以社会地位、资源、名誉、权力等表现出来。这些外在的东西更加直观直接，而内在的东西不便于感知评价，有些人就直接把人生价值的评价标准与金钱、地位、权力等同起来，这种认识是片面的、错误的。

---

① 马克思，恩格斯．马克思恩格斯选集：第 1 卷．3 版．北京：人民出版社，2012：139.

② 同①152－153.

要比较客观、公正、准确地评价社会成员人生价值的大小，除了要掌握科学的评价标准之外，还需要掌握恰当的评价方法。其一，坚持能力与贡献相统一。每个人的职业不同、能力大小不同，对社会贡献的绝对量也不同，不能简单地认为能力大的人就有人生价值，或是其人生价值就大，而能力小的人就没有实现人生价值，或是其人生价值就小。只要人们在自己的岗位上尽职尽责，兢兢业业，就应该对其人生价值给予积极肯定的评价。其二，坚持物质贡献与精神贡献相统一。评价人生的价值，既要看一个人对社会做出的物质贡献，也要看其对社会做出的精神贡献；既要充分肯定从事脑力劳动行业及人文社会科学领域的人对于社会的贡献，也要充分肯定从事物质生产劳动的人对社会做出的贡献。其三，坚持完善自身与贡献社会相统一。人生的社会价值是实现人生自我价值的基础，评价人生价值的大小主要应看一个人对社会所做的贡献，而非个人所获得或拥有的金钱、地位、权力等，但这并不意味着要否认人生的自我价值。

人生价值的实现总是有条件的，任何人都不能随心所欲，只能在一定的条件下，通过正当的途径和渠道，运用恰当的方法和方式去实现自己的人生价值。实现人生价值要从社会客观条件出发，要从个体自身条件出发，不能够脱离现实、脱离实际，好高骛远或者妄自菲薄都会在一定程度上阻碍人生价值的实现。改革开放以来，我国为个体成才、展才、实现人生价值提供了广阔的舞台、难得的机遇、有利的条件。当代大学生正处于增长知识和才干的关键时期，更应该珍惜机会，努力奋进，坚持理论联系实际，积极投身于社会主义建设，自觉提高自身条件，不断增强实现人生价值的能力和本领，在实践中追求和创造有价值的人生。

如何促进个人与他人的和谐?

白　洁

2016 年 5 月 5 日的《人民日报》报道了动车上的一起让座事件，并迅速引发了网络讨论。一派观点认为，“女孩不让座是自己的权利，不应受到指责”；另一派观点认为，“女孩应当让座，因为老人年岁已大且身体不好”。除这一让座事件外，我们之前也看过公交车上老人掌掴年轻人的报道。对于让座事件及其背后的道德准则，应当如何评价？如何才能促进个人与他人的和谐？

近年来，关于“让座”引发矛盾的报道屡见不鲜，也引起过多次讨论。这件在生活中稀松平常的小事为何能引起轩然大波呢？究竟应该如何看待和评价让座事件及其背后折射出的社会道德准则和社会风尚？对此，笔者认为可以从四个方面思考。

第一，如何评价各类让座事件。就让座和被让座双方发生争执后孰对孰错而言，每一起让座事件发生的具体情况不同，需要具体分析。可以明确的是，如果因为他人没有让座而打骂他人，显然不合情理。2013 年有这样一篇报道，江苏苏州一辆公交车上，一名大四女学生因低头看复习资料，未给旁边站着的老人让座。老人用腰撞了女生两下后，双方发生激烈冲突，老人暴打女生。被乘客拉开后，女生准备用手机拍下老人，老人又迅速上前暴打并抢手机。说到底，让座是一种自愿行为，新闻中的老人因女学生未让座而进行暴打，不仅违背道德原则，而且还触犯了法律。2014 年则有这样一篇报道，河南郑州 919 路公交车上一老人因年轻人未让座与年轻人争论后，打了年轻人 4 个耳光，然后气倒在车内，急救人员赶到时，老人已没有了呼吸。这位老人因年轻人未让座打对方耳光，反而怒火攻心不幸猝死，导致了悲剧的发生。

第二，座位属性与合法权利。关于让座的报道已经不再局限于公交车，正如《人民日报》报道的动车让座事件引发的矛盾。5 月 3 日，四川达州八旬老人李某坐动车到成都看病，因只买到达州到营山的座票，老人在南充站被座位主人请了起来，老人女儿想挤着坐被拒，之后一中年男子为老人让了座，老人女儿说：“年轻人应该多学学。”座位主人觉得十分委屈：“坐自己位置错了吗?”对于动车、高铁、飞机而言，座位属性是明确的，也就是需要对号入座，坐自己的座位本应是合法权利。以动车、高铁划分二等座、一等座、商务座而言，很少有二等座乘客要求坐一等座、商务座座位的现象。飞机因为安全原因，不存在站票，因此也很少有让座引发的矛盾。对于公交、地铁等公共资源来说，老弱病残孕专用座位是为有需要的人而设立的，如果占用这些座位，应当及时让出来给有需要的人。但是除老弱病残孕专用座位之外，其余座位基本遵循先到先得的原则，必须明确让座是一种自愿行为，绝不能进行道德绑架。电影《搜索》中，女主角叶蓝秋因被查出患癌症，心情坏到极点，拒绝在公交车上给老大爷让座。被媒体片面报道后，网友群起而攻之，却没有人了解背后的原因。

第三，关爱社会弱势群体。在尊重合法权益的前提下，我们提倡对社会弱势群体予以关爱和照顾。就公交车而言，乘客买同一张票，乘同一辆车，拥有同样的入座权利。但老弱病残孕属于需要照顾的乘客，为他们设置专座，保证这部分人的优先权，体现了一个社会的优良风尚，也是世界各国的通行做法。在爱心座位不够的情况下，能够施以援手，为有需要的人让个座，体现出一个人的道德涵养和文明程度，是一种美德。如果简单地认为刷了卡买了票就可以不让座，或认为让座是其他人的事，与自己无关，难免有些冷漠。“赠人玫瑰，手留余香”，力所能及地给予他人帮助，不仅让别人得到方便，更能体会到助人的快乐。

第四，应当相互尊重与体谅。在寻求他人帮助时，应当有礼有节；在给予他人帮助时，应当平等友善。以大四女学生看书未给老人让座的事件为例，如果老人有礼貌地提出自己的需要，相信女学生不会拒绝给一位年迈的老人让座。一旦进行恶意指责，女学生也就没有让座的积极性了。不仅仅是让座行为，生活中很多时候是因为不恰当的说话方式而互相谩骂甚至大打出手，将小事升级为大事。同样，在给予他人帮助时，也应当有良好的风度。当给予别人帮助时，不可高高在上，以施舍的态度居高临下。即使别人接受了你的帮助，也难免心里不舒服。正如教材中提到的，促进个人与他人的和谐，应该坚持平等原则、诚信原则、宽容原则、互助原则。只有坚持这些原则，才能保持平和的心态，营造和谐的社会氛围。

第二章

坚定理想信念

怎样理解个人理想和社会理想的关系？

王　易

2016年8月21日的里约奥运会赛场，中国女排以3∶1战胜塞尔维亚，时隔12年再度夺冠，全场沸腾，举国同庆。教练郎平作为20世纪80年代"五连冠"的功臣，在洛杉矶奥运会退役后并未选择功成身退，而是仍然从事着自己热爱的排球事业，并带领中国女排重新站上世界之巅。年轻的排球小将们更展现出新的"女排精神"。个人理想和社会理想彰显着个体和众人对未来的期待和设想，二者紧密相连，在女排团队中得到了和谐的统一。我们应当怎样理解个人理想与社会理想的关系？

个人理想与社会理想不是彼此孤立的，它们之间既相互联系、相互影响，又相互区别、相互制约。一方面，个人理想以社会理想为导向，社会理想决定、制约着个人理想。个人作为推动社会历史变迁的力量，只有结合自身实际和社会现实，以社会理想为指向确立个人理想，才能实现人生价值。另一方面，社会理想以个人理想为基础，是个人理想的凝练和升华。社会的发展以人类的进步为前提，个人理想成就社会理想，社会理想是个人理想的汇聚和集中表达，是对个人理想的概括和总结。

第一，个人理想与社会理想的辩证关系。

个人理想与社会理想的关系实质上是个人与社会的关系在理想层面的反映。个人与社会有机地联系在一起，二者相互制约、共同发展。同样地，社会理想与个人理想也不是彼此孤立的，它们之间既相互联系、相互影响，又相互区别、相互制约。

首先，国家、集体的兴衰与个人利益得失息息相关。在社会主义社会中，个人利益、集体利益和国家利益在本质上是一致的，国家利益、集体利益体现着个人根本的、长远的利益，是集体所有成员共同利益的统一。同时，每个人的正当利益，又都是集体利益不可分割的组成部分。所以在现实生活中，集体利益和个人利益是相辅相成的。集体利益的发展，本身就包含着集体中每个人利益的增加；而集体中每个人利益的增加，同样有利于集体利益的扩大。

其次，个人理想以社会理想为导向，社会理想决定、制约着个人理想。根据唯物史观的基本原理，社会历史发展并不是某个天才人物的偶然发现，而是受内在的一般规律支配的，因此只有顺应社会历史发展规律，确立社会理想，才能推动社会进步。而个人作为推动社会历史变迁的力量，只有结合自身实际和社会现实，以社会理想为指向确立个人理想，才能实现人生价值。因此，大学生应树立符合社会发展和进步要求的个人理想，在对个人理想的追求中实现人生价值。

再次，社会理想的实现体现在每个社会成员为实现个人理想而进行的实践中。人是社会关系的总和，人不是抽象的人，而是在活生生的社会历史过程中开展丰富的实践活动的主体。社会是由人构成的，人是社会历史的主体，人的实践活动推动社会历史发展。因此，社会的发展以人类的进步为前提，个人理想成就社会理想，社会理想是个人理想的凝聚和升华，代表和反映着人们的共同愿望和根本利益，归根到底要靠社会全体成员的共同努力来实现，并具体体现在每个社会成员为实现个人理想而进行的实践中。因此，大学生对个人正当的近期理想、个人理想的追求，尤其是对于美好的职业理想和生活理想的追求，与国家发展、民族振兴的崇高社会理想在本质上是一致的。它既是国家和社会对个人提出的要求和希望，也是社会理想得以实现的重要基础。

最后，理想是现实性与超越性的统一，是实然与应然的统一。理想信念是个思想认识问题，更是个实践问题。我们鼓励大学生志当存高远，立志做大事。个人理想只有同国家的前途、民族的命运相结合，个人的向往和追求只有同社会的需要和人民的利益相一致，才是有意义的。但与此同时，我们也要防止大学生好高骛远、陷入空想，要引导大学生清醒地认识到，立志需躬行。伟大的事业、崇高的理想，起点就在脚下，在一切平凡的岗位上，在扎扎实实的学习和工作中。实现崇高的理想，要从我做起，从现在做起，从平凡的工作做起。

第二，中国特色社会主义共同理想是个人理想与社会理想的统一。

中国特色社会主义共同理想是个人理想与社会理想的统一，是阶段性与长远性的统一，代表和反映了中国社会最广大人民的根本利益。

首先，理想是有层次和类型的，有个人理想，也有社会理想。个人理想描绘的是个人生活事业的理想状态，而社会理想描绘的是社会发展的理想状态。个人生活于社会中，个人理想离不开社会理想。中国特色社会主义共同理想是一种社会理想，是一种关于中国社会发展状态的理想。它对于个人理想具有整合作用，是若干个人理想的寄托和发育之所。当代中国人对自身生活和发展的若干期望与设想，事实上是以中国经济社会的持续发展为背景的，所以个人理想的正确定位与实现，离不开对中国特色社会主义共同理想的把握。

其次，我们对共产主义远大理想的追求是一个漫长的过程，在这个过程中，有若干个阶段性理想。与远大理想相比，阶段性的理想更为具体，因而它可以成为一定历史时期人们所普遍追求的比较切近的理想目标。中国特色社会主义共同理想昭示我们：要在中国特色社会主义道路上，到 21 世纪头二十年，全面建成小康社会；再继续奋斗几十年，到 21 世纪中叶基本实现现代化，把我国建设成为富强民主文明和谐美丽的社会主义现代化强国。这样一个现实的目标，最能直接地激发我们的奋斗热情。当然，中国特色社会主义事业是一个长过程，它并不是到 21 世纪中叶就结束了。在我们达到这一理想目标之后，我们的中国特色社会主义道路还将继续向前延伸，中国特色社会主义事业还将进一步向前推进，我国社会将进入新的发展阶段。到那时，中国特色社会主义共同理想还会增添新的内容。

最后，在社会生活中往往会出现不同的理想，但并不是所有的理想都能成为共同的理想。有的理想只代表了少数人或个别人的利益和愿望，它只能成为少数人或个别人的追求目标。中国特色社会主义理想之所以能成为共同理想，就是因为它代表和反映了中国社会最广大人民的根本利益，为广大人民所认同和接受。

中国特色社会主义共同理想，是全党和全国各族人民的夙愿与共同追求。大学生作为青年人中知识丰富、思想敏锐的群体，是推动国家蓬勃发展的生力军，也是将中国特色社会主义共同理想由理想变为现实的重要后备力量。因此，大学生理想信念的树立与中国特色社会主义共同理想的实现关系密切。

一方面，中国特色社会主义共同理想为大学生理想信念的树立提供了正确的方向指引和理论支撑。中国特色社会主义共同理想指引大学生群体自觉地将个人命运与国家命运紧密相连，把个人理想与国家复兴密切结合。

另一方面，大学生理想信念的树立有助于中国特色社会主义共同理想的实现。大学生群体的理想信念的坚定与国家未来的繁荣昌盛息息相关，每一个大学生都向着自己的理想信念努力奋斗，便是在实现着中国特色社会主义共同理想。因此，作为中国特色社会主义共同理想的承担者，大学生群体要心怀远大理想、勇敢执着追梦，过有意义的人生。

如何理解理想、信念、信仰及马克思主义信仰？

刘建军

有人说，理想、信念和信仰是一回事，只是使用场合不同罢了。请问真的如此吗？还有，如果说马克思主义属于信仰范畴，那么马克思主义信仰是什么呢？

理想、信念和信仰是大家经常听到的，实际上它们在我们主流语境中的出场有一个顺序：理想、信念、理想信念、信仰。起初，大家主要用“理想”一词，在改革开放以前以及改革开放初期，我们基本上是这样称呼的，如社会主义和共产主义理想。但“理想”一词的内涵比较单一，它与信念、信仰有关，但又不能包含信念和信仰。尽管人们有时也把“理想”或“理想教育”加以泛化，用作大概念，把信念甚至信仰也包含在内，如用共产主义理想来包括社会主义信念和共产主义信仰。但大家渐渐觉得这样不妥。“理想”一词毕竟难以完全涵盖我们所说的理想信念的相关现象。于是，“信念”一词独立出现了，而且作为一个正面的概念日益流行。在这方面，邓小平起了重要的引领作用。他在讲社会主义精神文明建设时，就把“理想”与“信念”并提，并强调了“信念”的重要性，说“没有这样的信念，就没有一切”。再后来，“理想”和“信念”经常并提，于是二者逐渐融合而成一个新概念——“理想信念”。

由于这种融合，概念扩大了，可以从完整意义上指称我们现在所谈论的事情。这一点在党和国家的文献中也得到了体现。本来事情可以到此为止，但“信仰”概念接着又流行起来。“信仰”概念的出场有一定的必然性。有人认为，这个词最好不要用，只用“理想信念”就够了，因为“信仰”一词具有某种宗教上的起源，容易使人想到宗教信仰上去。这样的担心当然不无道理，但社会上的概念使用有其自发形成的过程和内在的逻辑。当人们还在犹豫不决时，“信仰”一词已经在社会上流行起来。这是社会的需要，是社会需要在用词用语上的反映。“信仰”概念的出场有其合理性或必要性。

首先，这是一个历史极为悠久的概念，也是一个非常普遍的概念。它不仅与人类的文明发展有密切的关系，而且在不同的国家和民族中都有使用。我们并没有特别的理由一律不使用这样的概念。而且，概念的出现和使用往往不是有意设计的结果，人为地限制一个词的使用也难以完全做到。

其次，我们需要一个涵盖不同类型信仰的上位概念。尽管我们可以用“理想信念”指称完整的信仰体系，但主流语境还要用它来指称科学理性的信仰或马克思主义信仰，而并不用它来指称宗教信仰。“信仰”一词本来也主要是指称宗教信仰的，但是近现代以来我们也在宗教信仰之外使用这个概念。于是“信仰”在广义上指所有的信仰，而并不专指宗教信仰。

最后，“信仰”已经成为一个普遍的社会话题。不论是学术的还是非学术的讨论，都在这个领域中发生。我们固然在许多情况下用“理想信念”来称呼科学信仰，但我们在许多情况下并不能拒绝用“信仰”来称呼我们对马克思主义、对社会主义和共产主义的信奉。否则，我们就是自己退出信仰的讨论，放弃话语权。理想、信念、理想信念、信仰——这四个概念出场的顺序说明，后面的概念对前面的概念有补充作用。

那么，能不能简单地做些规定，以便人们把握这几个概念呢？“理想”与“信念”的关系，简单地说，就是目标追求和意志行动的关系：理想是目标，信念是情感意志。“理想”与“信仰”也有区别，理想仅仅是目标，而信仰除了美好理想外，往往还有一套世界观、人生观和价值观。“信念”与“信仰”的关系，简单地说，就是前者层次低而范围广，后者层次高而范围小。在一些比较普通或具体的事情上，我们就用“信念”，比如日常生活中的看法、工作中的想法等，我们可以称之为“信念”。而在人生、大本、大原的问题上，在世界观、人生观和价值观的核心问题上，才能用“信仰”一词。对于“理想信念”与“信仰”而言，“理想信念”在当代中国就是指“信仰”，即科学的信仰或马克思主义信仰。

谈到理想、信念、信仰，我们还不得不提及马克思主义信仰。有人困惑地说：“看了很多书，还是不知道马克思主义信仰是一种什么样的信仰。”那么，马克思主义信仰是什么？它包含哪些基本部分呢？大致说来，马克思主义信仰包含四个基本部分：唯物主义的世界图景、共产主义的远大理想、为人民服务的根本宗旨、自由全面的人生追求。这四个基本部分共同构成了马克思主义信仰体系。

唯物主义的世界图景是马克思主义信仰的世界观基础。辩证唯物主义认为，人类生存于其中的世界是物质的世界，不存在什么超自然的神秘存在和神秘力量；人类社会是物质世界运动发展的最高级的形态，人类可以认识物质世界的规律，并按客观规律不断地改造世界与自身。这样的世界观当然是一种科学的无神论。

共产主义的远大理想是马克思主义信仰的社会理想和价值目标。马克思主义信仰不只是对世界的面貌和图景做出自己的解释，而且为历史主体指出努力的目标和方向，这就是共产主义的社会理想，它是社会进步和人类解放的共同理想。我们大体上可以将之概括为三个方面：一是物质产品极大丰富，消费资料按需分配；二是社会关系高度和谐，人们精神境界极大提高；三是每个人自由而全面发展，人类从必然王国向自由王国飞跃。这一社会理想是人类历史发展的必然趋向和未来的社会形态；同时，它又是无产阶级政党带领广大人民自觉追求的价值目标，也是共产主义者个人的精神寄托和向往。

为人民服务的根本宗旨是马克思主义信仰中的根本信念和道德要求，它体现的是一种人民至上的思想认同和精神导向。“人民”是马克思主义者的信仰对象之一，而且是最高、最重要的信仰对象，是共产党人服务和献身的对象。“人民”在共产党人心中具有最高的地位，是共产党人的力量源泉。为人民服务既是政治性要求，又是道德性要求。作为党的根本宗旨，它是政治性的；作为对共产党员个人的要求，它又是道德性的。一个不讲道德的人，一个欺压群众的人，即使坚定地相信共产主义一定会实现，也不能算是真正的共产党人，更不能算是马克思主义者。

自由全面的人生追求是马克思主义信仰中的价值取向和人生境界。马克思主义信仰、共产主义理想无疑是群体性、社会性的，但它们不仅不排斥个人，而且包含着个人追求，并最终落实在个人的追求上。马克思主义讲的人的自由而全面的发展，实质上就是个人的发展。《共产党宣言》中写道：“每个人的自由发展是一切人的自由发展的条件。”这也说明，在马克思主义信仰的视野中，对个人来说最重要的是“发展”，而不是精神的“解脱”，也不是生活的“享乐”。只要每个人在社会中能得到更大程度上的自由而全面的发展，他的人生就能达到更高的境界，就会有更高层次上的幸福和幸福感。这是一种积极进取的人生信仰和人生态度。

因此，对于有人困惑马克思主义信仰是什么，我们可以从四个方面将马克思主义信仰概括如下：唯物主义的世界图景就是“世界自足，不谈鬼神”，共产主义的远大理想就是“社会发展，人类解放”，为人民服务的根本宗旨就是“人民至上，服务群众”，自由全面的人生追求就是“人生自由，全面发展”。这四句话可以更简要地表达出马克思主义信仰的基本要点。这一由四个基本部分构成的信仰体系，具有两个焦点：一是共产主义的远大理想，二是为人民服务的根本宗旨。把握住了这两个焦点及其关系，就掌握了马克思主义信仰的精髓。

总之，理想、信念和信仰在现实社会生活中的使用既有区别也有联系，我们要看到理想、信念和信仰之间的差异性，也要看到三者之间的关联性，同时在正确理解和把握三者之间关系的基础上，科学把握作为信仰范畴的马克思主义，知道马克思主义信仰的内容，进而为树立科学的理想信念即马克思主义信仰提供思想认识准备。

现实的苟且，抑或诗与远方，我们到底该选哪一项？

贾雪丽

2014年的一段时间，清华大学学生梁植与高晓松在一个真人秀节目中的对话，引发了无数网友的跟帖。节目中，梁植同学向评委表达了对未来工作的迷茫，却遭到了现场评委高晓松的驳斥。高晓松认为，生活不只是眼前的苟且，还应该有诗和远方，梁植只关注自身需要，愧对清华的多年教育。那么，作为大学生，面对未来，你是选"现实的苟且"，还是"诗与远方"，抑或其他？

梁植与高晓松的对话，充分反映了一个问题：社会转型期，在现实生活的巨大压力下，是屈从于物质欲求而放弃人生理想，还是应该坚守人生理想，追求诗与远方？这也是每一个青年人都必须要面对和选择的问题。谁的青春不迷茫，作为新一代青年人，我们要做的就是辩证看待理想与现实的关系，把握现在，直面未来。

毛泽东说过，人是要有一点精神的。诗人流沙河在《理想》一文中写道：理想是石，敲出星星之火；理想是火，点燃熄灭的灯；理想是灯，照亮夜行的路；理想是路，引你走向黎明。理想是指路明灯，指引人们走上正确的人生之路。没有了远大的理想，生活就会迷失方向。中国传统文化特别是人生价值哲学，非常重视"立志高远"对个人成长成才、国家兴亡和社会进步的重要作用。如，孔子的"三军可夺帅也，匹夫不可夺志也"，诸葛亮的"志当存高远"，《吕氏春秋》中的"凡举人之本，太上以志，其次以事，其次以功"，宋代文学家苏轼的"古之立大事者，不惟有超世之才，亦必有坚忍不拔之志"。

西方历史上的很多思想家也对树立远大理想的重要意义进行了论述。比如，亚里士多德认为人应该追求不朽，应该尽力遵循人性的最好部分而生活；康德也曾指出，人应为了另外的更高的理想而生存。康德在自己的墓碑铭文中写道：“有两种东西，我们愈是时常愈加反复地思索，它们就愈是给人的心灵灌注了时时翻新、有加无已的赞叹和敬畏——头上的星空和心中的道德法则。”法国微生物学奠基人巴斯德强调：“立志是一件很重要的事情。工作随着志向走，成功随着工作来，这是一定的规律。立志、工作、成功是人类活动的三大要素。立志是事业的大门，工作是登堂入室的旅程。这旅程的尽头就有个成功在等待着，来庆祝你的努力结果。”当生活的天空布满乌云的时候，当前进的道路上出现艰难险阻的时候，远大的理想，坚定的信念愈发显示出重要的作用。

有位教育家指出：“一个人向前瞻望的时候，如果看不到一点快乐的远景，他在这个世界上就不能活下去。”这种“明日欢喜论”虽有一定的局限性，但告诉人们，追求远大的理想，不仅是生活道路选择的问题，更将给一个人带来强大的精神支柱和生活动力。青年时代的马克思是一个热情的理想主义者，立志为全人类的幸福而奋斗，并为之奋斗终生，为人类的解放事业做出了突出的贡献。毛泽东年少时就“身无半文，心忧天下”，立志让祖国“富强、独立起来”，他将自己“自信人生二百年，会当水击三千里”的豪情壮志与中国人民的命运紧密相连，带领中国人民建立了社会主义新中国，也成为世界公认的一代伟人。

当然，社会中的每个人都有一定的理想，理想并不专属于青年，但对青年学生来说，立志、确立远大理想的问题是首要的问题。青年时期是确立理想信念最集中和最突出的时期。人生步入青年时期，生活之路伊始，青年面临着诸多选择和困惑。比如，人生目标如何确立，未来职业生涯如何规划，家庭生活如何建立，尤其是如何有意义地度过大学生活更是广大青年学生需要思考和面对的问题。这些问题的解决，都决定于一个总的原则和目标，即个人的理想信念。青年人只有热爱生活，对美好的未来满怀憧憬，拥有远大的理想同时对这一选择积极认同，从现在做起，从点滴做起，不懈奋斗，执着地追求，才能将远大理想变成现实。

理想是人们在实践中形成、具有实现可能性的对未来的向往和追求，是人们世界观、人生观、价值观在奋斗目标上的集中体现，是一种社会意识。现实是一种社会存在，是客观的社会历史环境和条件，是理想产生的土壤和基础。脱离理想谈现实，就会陷入物质主义的泥潭；脱离现实谈理想，理想就会变成空中楼阁。可见，理想与现实辩证统一，理想源于现实，现实决定理想；理想高于现实，并在一定条件下转化为现实。

第一，理想作为一种社会意识，源于现实。但它不是对现实状况的简单描绘，而是人们对现实生活不完满性的超越。理想的材料源于现实，理想的可能性源于现实，理想的动机也源于现实，理想虽指向未来，却根植于现实，立足于现实。同时，理想作为对未来的向往和追求，是对现实生活的超越，是一种包含现实性的可能。马克思主义哲学中的可能，是相对于现实来说的，是尚未展开的现实。作为能够转化为现实的可能，理想的存在是有现实依据的，它与空想、幻想不同，不是凭空产生的，体现了超前性、客观历史性和继承性的统一。

第二，理想高于现实，是现实的升华和超越。但它不是脱离实际的臆想和空想，而是通过不懈努力能够在将来变成现实的合乎规律的想象。理想是透过现实中的表面现象，对事物发展趋势和发展规律的能动反映。现实是已经充分展开和实现了的可能，现实首先必须是可能的，不可能的东西永远不会成为现实。可能与现实在一定条件下可以相互转化。可能可以向现实转化，现实又可以向新的可能转化。事物的发展、社会的进步就是可能与现实不断相互转化的过程。

第三，理想与现实在一定条件下相互转化。理想与现实的矛盾与冲突，属于“应然”和“实然”的矛盾。现实是理想的基础，理想是未来的现实。一方面，现实中包含着理想的因素，孕育着理想的发展。在一定条件下，现实必定要转化为理想。另一方面，理想中包含着现实，既包含着现实中必然发展的因素，又包含着理想转化为现实的条件。在一定条件下，理想可以转化为未来的现实。但理想与现实间的转化不是简单、无意义的循环往复，而是现实向新的理想的转化。其中，科学的理想概括了现实中的具有生命力的真、善、美，是人们对未来生活的美好憧憬和向往，它同经济社会发展的规律相一致，同民众的根本利益相符合，从根本上不同于那些庸俗、消极和丑恶的东西，因而代表了社会发展的可能和方向。

人们在确立理想和追求理想的过程中，常常会感受到理想与现实的矛盾。思想敏感的青年学生，在刚刚走上工作岗位的时候，这种感受尤为强烈。当个人理想与社会现实不一致，青年人很容易在思想上产生困惑，在情绪上产生波动。因此，青年人需要正确认识和把握理想与现实的关系，规避两种认识误区。一是要走出“以理想来否定现实”的误区。在社会生活中，当理想与现实产生矛盾时，人们有时不能正确地看待，看不到二者的统一性，而是将理想与现实对立起来，用理想来否定现实。还有的人用理想的标准来衡量和要求现实，将现实理想化。二是要走出“以现实来否定理想”的误区。在社会生活中，有人在发现理想与现实的矛盾时，觉得实现理想很困难、希望很渺茫，认为还是“实际”一点好，不要做什么“理想主义者”。比如一些人不加分析地全盘认同当下的现实，对于现实中一些消极乃至丑恶的现象不愤怒、不斗争，甚至同流合污。还有一些人由于看到理想与现实的矛盾，而对理想失去信心和热情，因此陷入拜金主义、享乐主义和极端个人主义的泥潭不能自拔。

理想本身并不能实现什么，要实现理想就要诉诸实践。理想确立后，就必须付诸行动，否则，无论多么远大的理想，也只能是空想，正所谓“心动，更要行动”。漫长的征途需要一步一步地走，崇高理想的实现需要一点一滴地奋斗。通往理想的路是遥远的，是充满荆棘和坎坷的，但起点就在脚下，在一切平凡的岗位上，在扎扎实实的学习和工作中。

崇高的理想必须落实到行动上。理想信念是一种开放的精神状态，它不仅蕴含着人们对未来的美好想象，更意味着一种全身心的投入，而这总要表现在行动上。追求理想的行动和过程，是崇高理想实现的题中应有之义。而且，只有通过追求理想的实际行动，理想才能由可能变成现实，人们才能实现“应然”向“实然”的转变。马克思说过，思想本身并不能实现什么，它的实现必须借助掌握实践力量的人。事实证明，在事业上取得成功的人，往往是那些具备很强行动力的人。马克思在批判空想社会主义思想家的理论时就曾指出：“他们以为，人们只要理解他们的体系，就会承认这种体系是最美好的社会的最美好的计划。因此，他们拒绝一切政治行动，特别是一切革命行动；他们想通过和平的途径达到自己的目的，并且企图通过一些小型的、当然不会成功的试验，通过示范的力量来为新的社会福音开辟道路。”马克思认为这些想法只是对未来的幻想的描绘，其根源就在于这些思想家的思想脱离现实，缺乏行动力的支撑和实践的力量。

追求理想，仅有美好的愿望是远远不够的，还需要执着的信念。没有对理想的执着，要想实现宏伟的理想是不可能的。自信和毅力来源于对理想的执着追求，也是实现理想的强大精神力量。只有对科学理想坚信不疑，才能坚定自己的向往和追求，并将理想落实到行动上。大学生只有努力学习马克思主义理论，特别是学习和掌握反映当代中国社会发展规律的马克思主义中国化的最新成果，才能更加深刻地认识当今世界和当代中国，把握社会历史发展的规律，更加坚定科学、崇高的理想信念。

理想转化为现实，是一个艰苦奋斗的过程。理想实现的长期性、曲折性和艰巨性决定了追求理想的过程是一个艰苦奋斗的过程。马克思在青年时代就立志为全人类的幸福而奋斗，并为此付出了不懈的努力，正如恩格斯在马克思墓前指出的："马克思首先是一个革命家。他毕生的真正使命，就是以这种或那种方式参加推翻资本主义社会及其所建立的国家设施的事业，参加现代无产阶级的解放事业，正是**他**第一次使现代无产阶级意识到自身的地位和需要，意识到自身解放的条件。斗争是他的生命要素。很少有人像他那样满腔热情、坚韧不拔和卓有成效地进行斗争。"我们可以想象，如果没有以马克思为代表的革命家的坚定信念以及对共产主义的执着追求，就不会有共产主义理想的诞生，也不会有社会主义的实践探索。

现阶段，为实现共产主义理想而奋斗，就集中体现在为建设中国特色社会主义而奋斗。我们要脚踏实地，为实现我们党在现阶段的基本纲领而不懈努力，在中国特色社会主义实践中化理想为现实。现实生活中，由于缺乏科学的认识，大学生中存在着一些错误的认识。比如，有的大学生认为共产主义理想虽然好，但离我们太遥远；也有的大学生认为，共产主义太抽象，不够现实。这些都没有正确认识理想与现实的关系，也没有认识到理想的实现要经历艰苦的努力和不懈的奋斗。

总之，理想与现实辩证统一的关系告诉我们：每一个青年人都应该立大志，有理想，有追求，有为之奋斗的远大目标。同时，青年人也要意识到理想目标的实现，既受客观条件的限制，也取决于人们的努力程度，这一过程充满了坎坷，需要从自身做起、从现在做起，矢志不移，奋斗终生。因此，作为青年人的我们，不应苟且于现实，而应立足现实、追求理想。

如何理解在当今时代追求远大理想、坚定崇高信念的意义？

刘建军

有人认为，对于当代中国来说，很多人既没有理想，也没有信念。在市场经济的背景下，当代人们的理想信念淡泊，但国家的经济仍然在快速发展，理想信念其实并没有什么实际意义。那么，应该如何理解在当今时代追求远大理想、坚定崇高信念的意义呢？

改革开放以来，我国在理想信念方面发生了很大的变化，其中也存在很多严峻的问题。主要表现为：其一，面对改革开放的复杂进程，马克思主义信仰遇到了巨大挑战，特别是由于理论与实际的某些脱节，人们比较普遍地存在着理想信念上的困惑。有些人的社会主义和共产主义理想信念淡化了，有些人的马克思主义信仰出现了动摇，有些人已经发生了信仰的转向。其二，由于物质利益和物质生活日益突出，由于拜金主义和享乐主义等错误思潮的影响，以及精神生活中娱乐文化的影响，人们的政治兴趣和政治信念趋向淡化，对于社会主义理想信念问题也有暂时搁置的倾向。其三，部分党员干部经不住考验与诱惑，出现了严重的腐败，损害了党的形象和威信，影响甚至动摇了部分群众对党的信赖，从而使一些人的社会主义理想信念有失去现实载体和凝聚核心的危险。其四，改革开放进程中社会现实生活的一些方面呈现复杂化和无序状态，社会生活中的阴暗面和一些丑恶现象的存在，以及难以适应急剧的社会调整和激烈的社会竞争，使当前社会上有一些人对现实感到失望，转而向神灵寻求庇护，使神秘主义和有神论思潮在社会日益蔓延。

在这种情况下，有人指出，当代中国人的理想信念淡泊，应该说这是有一定的事实依据的。然而，我们不能只看到理想信念领域里这些消极的变化，而看不到其中积极的变化。改革开放以来，理想信念积极的变化主要有：第一，在改革开放起步时期，我们党既解放了思想，又保留了信仰，巧妙地解决了高难度的信仰问题。第二，在改革开放的新时期，我们党对于什么是社会主义和如何建设社会主义进行了重新认识，纠正了人们认识上的空想和错误的因素，尤其是形成了中国特色社会主义理论体系，从而把中国人民的社会主义理想信念建立在更为科学、更为现实的基础上。第三，改革开放使我国的社会生产力和各项事业蓬勃发展，显示了社会主义制度的潜力和活力，从而坚定了人们对于社会主义现代化建设取得成功的信心，坚定了人们的社会主义信念。第四，在国际共产主义运动遇到挫折的非常时期，在社会主义理想信念发生世界范围大震荡的紧要关头，中国坚持了社会主义道路，维护了社会主义理想信念，成为世界上一面光辉的社会主义旗帜。这些积极的变化为我国经济、政治、文化等快速发展提供了保障，为当代人追求远大理想、坚定崇高信念奠定了基础。

可以说，改革开放以来，中国社会发生了巨变，人们的心灵世界也经历了巨大震荡，发生了很大的变化。就信仰层面而言，可以说是社会中出现了信仰危机的现象，继而人们品尝了没有信仰的苦果，日益表现出对信仰的渴望，信仰逐渐呈现多元化的样态，而如何进行信仰选择和如何处理不同信仰间的关系，将成为一个重大的现实问题。个体需要信仰，社会也需要信仰。信仰危机的初期，人们可能会感到一种没有信仰重负的放松，但是时间长了，就会感受到无信仰的痛苦：一种是因为内心无信仰而产生的精神空虚和无意义的苦恼，另一种则是由于缺少信仰的内在约束而导致的一些人的伤天害理的恶行，给他人和社会造成了巨大的痛苦和不幸。对于当今时代而言，追求远大理想、坚定崇高信念无论是对于个人与社会，还是对于民族与国家来说，都具有不容忽视的重要意义。

首先，追求远大理想、坚定崇高信念有助于个人的成长与成才。理想信念作为一种精神追求，是人的根本性需要，它能赋予人生意义感，能够给人一种根本上的确定性和安全感，使人安身立命。张学良将军一生坎坷，他晚年回顾人生的时候说："一个人应该有所信仰，不能活得飘飘荡荡。"理想信念对于个人而言，有精神定力的作用。不仅如此，它也有精神定向的作用，它为个体的人生指明奋斗的方向，能够让人获得方向感，创造有意义的生活。理想信念也是激励人们不懈奋斗与追求，不怕艰难险阻，勇于超越自我的精神动力，它可以调动人的精神潜力和物质能量，去实现远大的目标。理想信念也有强大的精神支撑作用，尤其是在严酷的考验中；它之于个体的生存与发展来说，更是起着人生支柱的关键性作用。对于个人的成长与成才来说，不论是过去还是现在，理想信念度都十分重要，它可以给人以目标、方向、定力、动力，也可以调动其积极性，激发其潜力，磨炼其意志，等等。对于当代青年来说，在其成长成才的过程中，还面对着西方社会思潮的蛊惑与侵蚀，面对着市场经济中消极因素的不良影响，面对着意义世界的消解和精神世界的失落，需要自觉追求远大理想，坚定崇高信念，以明辨是非对错，促进自身的和谐发展。对于广大的党员干部来说，他们面对着各种各样的挑战与诱惑，更需要坚定中国特色社会主义共同理想，树立共产主义远大理想，并以此指导人生，抵制诱惑，发扬优良传统，严格要求自己，追求有意义的生活，过高尚的人生。

其次，追求远大理想、坚定崇高信念有助于社会的发展与进步。其一，理想信念是道德建设的重要支撑。一定范围内存在的道德滑坡现象，就与一些人缺乏理想信念有关：这些人既缺乏远大理想的指引，又缺乏崇高信念的导向，更缺乏科学信仰的约束。而中国特色社会主义共同理想与共产主义远大理想，不仅为我国的道德建设明确了目标与方向，还提出了规范与要求，是道德建设的重要支撑。远大理想和崇高的信念，既有助于加强人们的自我要求与内在规范，也有助于形成良好的社会秩序和社会风貌，进而切实提高道德建设。其二，理想信念是文化软实力的重要构成，社会主义核心价值体系是中国特色社会主义文化的灵魂与核心，而核心价值体系的根本就在于理想信念。理想信念决定着文化发展的方向，是文化发展的重要支撑。其三，理想信念是经济发展的重要动力。我国基本经济制度是以公有制为主体、多种所有制经济共同发展，树立中国特色社会主义共同理想和共产主义远大理想，有助于保持我国经济制度的稳定，保证我国经济发展方向的正确，坚定人们对社会主义事业的信心，为经济建设提供动力，注入活力。

最后，追求远大理想、坚定崇高信念有助于国家富强与民族复兴。国家的富强离不开理想信念，如果一个国家只有经济上的快速发展，而无理想信念的强力支持，那这个国家最多不过是“只富不强”，甚至会走向灭亡。理想信念是兴国强国之魂，它是提升综合国力的重要保证。综合国力不仅包括经济实力、科技实力、军事力量等硬指标，也包括文化、教育、精神状态等软要素。追求远大理想、坚定崇高信念有助于振奋民族精神，彰显民族品格，焕发民族力量，鼓舞和激励人们投身于社会主义现代化建设，为实现国家富强、提升我国综合国力提供重要的思想保证和精神支撑。理想信念也是实现民族复兴的精神引领。正是因为对中国特色社会主义共同理想与共产主义远大理想的不懈追求，无数中华儿女前仆后继、英勇拼搏，走过了民族独立、人民解放和国家富强的曲折历程，也为实现中华民族伟大复兴的中国梦奠定了基础。在当今时代追求远大理想、坚定崇高信念，既是捍卫社会主义建设胜利果实的要求，也是加快社会主义现代化建设、凸显社会主义制度和道路的优越性、解决当前社会发展中的现实问题、实现民族伟大复兴的前提。理想信念还是凝聚人心、汇聚力量的精神纽带。中国特色社会主义共同理想和共产主义远大理想，把党、国家、民族、个人紧紧地联系在一起，有助于最广泛地团结和调动中国力量，能够引领全国各族人民心往一处想、劲往一处使，将许多人的力量凝聚在一个目标上，形成一股巨大的合力，进而促进社会团结与稳定，促进社会的发展与进步。正如邓小平所言："根据我长期从事政治和军事活动的经验，我认为，最重要的是人的团结，要团结就要有共同的理想和坚定的信念。我们过去几十年艰苦奋斗，就是靠用坚定的信念把人民团结起来，为人民自己的利益而奋斗。没有这样的信念，就没有凝聚力。没有这样的信念，就没有一切。"[①]

---

① 邓小平．邓小平文选：第3卷．北京：人民出版社，1993：190.

信仰在人生中具有怎样的作用？

刘建军

有人说，信仰对人生可有可无，没有信仰的人也生活得很好，信仰未必是每个人的需要。请问这种说法正确吗？

这涉及人生到底需不需要信仰的问题。实际上，人生需要信仰，信仰具有重要的人生价值，在人生中发挥着重要的作用。如果用一句话来概括，就是：信仰让人觉得活得有意义，有一种意义感。如果只说一句的话，这句话就足够了，这一条就能说明信仰特别重要。但是能不能再分出几条来呢？可以分出如下六个方面：

第一，信仰具有定力的作用。张学良将军一生坎坷，当晚年回顾人生的时候，他说："一个人应该有所信仰，不能活得飘飘荡荡。"他这里所说的其实就是信仰的定力。信仰能给人生一种定力，一种坚定的精神和执着的态度。人生不能没有一种定力，不能没有一种自我认定的执着的力量。因为生活像大海，人生像一叶小舟，在颠簸动荡的生活海洋中，人如果缺少一份定力，就会像船没有锚一样，随处漂泊而找不到自己的港湾。古人云：泛舟无定所，入山唯一径。意思是说，到山里去可能有多条道路，但要真正到达目的地，就必须守住一条道到底，如果像海上的舟一样，随处漂泊，就不可能达到彼岸。这句古话对今天也是适用的，甚至可以说更为适用。因为现代生活的多样化容易使人心浮躁，在各种各样的诱惑中，缺乏坚定执着的力量，会造成对人生浅尝辄止，到头来一事无成。人生信仰的作用之一就在于使人在认定自己的事业和目标之后有一份坚定执着的定力，不论是对世界观的相信还是对崇高理想的追求，都是坚定而执着的。任何积极的信仰，都是劝人执着于人生的准则，执着于生活的大本大原，如果没有这份执着的精神，信仰也就成为多余的了。信仰的执着可以说就是一种人生的定力。这种定力使人生具有质感和质量，使人生具有沉甸甸的分量，使人生具有充实而饱满的意义。

第二，信仰具有动力的作用。理想和信仰能给人生一种动力，一种推进的力量。人生如逆水行舟，不进则退，因此必须有足够的动力才能不断推进。一方面，任何人都会在人生中遇到各种各样的阻碍，必须克服各种各样的困难才能前进，这就必须有动力和毅力，有人生的勇气。另一方面，任何人都有一定的惰性，都需要不断地战胜自己，超越自我，为此也需要有动力的推动。一个人有了理想和信仰，就会立场坚定，方向明确，意志坚强，热情高涨，精力旺盛，满面春风。虽然推动人生自觉活动的力量可能来自外部或内部许多方面，但其中最根本最持久的是人生的理想和信仰，这是人生内部的恒久的动力系统。信仰者之所以能从信仰中取得动力，是因为信仰能为他的行为提供双重动力。一方面，信仰能为信仰者提供自己行为的道义的合理性。这是来自信仰者的正义感，即他们认为自己是为正义的事业而奋斗，是合理的，而他们所反对的东西则是非正义的，不合理的。因此，他们就理直气壮，无所畏惧，从而产生出巨大的动力。另一方面，信仰能为信仰者的行为提供历史的合法性。这是一种来自对历史必然性的深信的力量，即信仰者相信自己的努力代表历史的必然性。不论这种必然性是纯粹自然的，还是来自神学的，都会使信仰者从中得到一种历史力量的支持。因此，信仰给人以推动的力量。信仰使人树立起理想目标并对其充满渴望，使人具有了前进力量。

第三，信仰具有导向的作用。信仰不仅给人以前行的渴望和力量，而且给人指明前行的方向。信仰的这种作用主要是指信仰能为人生指明奋斗的方向。人的生活需要引导，在人的心灵深处，有一种寻找精神导师的需要，这种需要存在于人类潜意识中，往往在暗中起作用。人生的奋斗，人生力量的施展，必须有确定的方向，否则就会分散自己的努力和力量，不易取得人生的成果，甚至会使自己的各种追求的力量相互抵消，一事无成。更严重的情况是，如果没有一个正确的方向，一个人可能走上人生的歧途。这样的话，他的能力和毅力都不能救他，甚至会毁掉他的一生，使他成为社会的祸害。信仰是人生的定向机制，为人生指明奋斗的方向。信仰向人提供了一个巨大的目的，它远远超出个体所能意识到的目的。

第四，信仰具有支撑的作用。信仰的支撑作用主要是指它是人生的一种精神支柱。人的精神世界犹如一座大厦，如果没有精神支柱，大厦就会倒塌。信仰之所以能为人提供一种精神的寄托和支撑，很重要的是因为它为人提供了一个希望。特别是在人生处于困难和绝望的时候，这种希望是尤为宝贵的。信仰能增强人的意志力。信仰的作用往往是在困难的时候、在严酷的考验中得到体现的。正是在这样的时候，方能显现信仰的巨大力量。通常我们说信仰是人的精神支柱，其实也就是这个意思。它能支撑人们的精神和意志，使人在困难的时候，不为巨大的困难所压倒，并压倒困难。在实践自己的信仰、为实现理想而奋斗的过程中，人们对于遇到的困难有一种新的理解和解释。这种新的理解和解释，极大地增强了人们战胜困难的勇气和意志。

第五，信仰具有慰藉的作用。所谓慰藉作用，也就是信仰对于人的某种补偿、安慰的作用，使人恢复心理的平衡。从这个意义说，信仰的慰藉作用也就是一种精神安慰的作用。这种精神的安慰作用来自信仰的哪些方面的机制和作用呢？首先，信仰的慰藉作用来自信仰带给人的优越感。凡是有坚定不移的信仰的人，都是有一定自信的，都有一定的精神上的优越感。这是他从自己的信仰中所汲取到的。他们都以为自己懂得了世界、人生的奥秘，而别人则是不觉悟的。自己掌握了宇宙的真理，而别人则陷入谬误。自己的信仰是神的启示，而别人的信仰则是异端邪说。每一种信仰都赋予自己的信仰者一种特殊而重要的使命，给他们一定的角色定位，使他们在外人面前表现自己的优越感。其次，信仰的慰藉作用来自信仰指向的光明未来。这主要是信仰中的理想目标。信仰所设定的理想总是美好的，它的实现能使人得到极大的满足和幸福。这种美好的未来能使人得到精神上的安慰。

第六，信仰具有提升的作用。信仰能充实人的精神生活，提高人的精神境界。这就是信仰的提升作用，或者说信仰的超拔作用。信仰是人的精神生活的核心内容，它不仅能使人的精神生活的各项内容统一起来，成为一个有序的系统，从而避免人们精神世界的混乱和价值观念的紊乱，而且能不断地使人的精神境界有所提高。信仰是塑造人的崇高人格和提高人的思想境界的。信仰引导人不断地追求更高的目标，使其对于世界、对于人生有更为正确和彻底的认识与理解，从而对于许多问题有更好的态度。一个人理想越高远，信仰越崇高，他的精神境界就会越高。有句格言说：向着天空瞄准的人，总比向着树梢瞄准的人射得高些。精神境界高低不同，人生状态就大不一样。精神境界高了，个人烦恼就少了。

总之，信仰具有重要的人生价值，在人生中发挥着重要的作用，信仰赋予人生意义。一个有坚定的真诚的人生信仰的人，会感到人生是有意义有价值的；而没有人生信仰或失去了人生信仰的人，会感到人生空虚，从而对人生有无意义产生疑问。当然，没有信仰的人也照样吃饭睡觉，照样挣钱，并不会立即死去，甚至一些刚刚失去人生信仰的人还可能觉得有一种解放和自由的感受。但是，人毕竟应该并需要有精神生活和精神追求。信仰具有重要的人生价值，所以我们每个人都需要信仰，尽管并不是每个人都能自觉认识到这种需要。人生对信仰的需要是一种客观存在。在这种意义上，问题的关键已经不在于我们需不需要信仰，而在于我们如何信仰和信仰什么。不同的信仰对人生的影响不同，我们需要能够促进人生发展和社会进步的科学信仰。

如何进行人生信仰的选择?

刘建军

在当代中国，越来越多的人开始关注信仰问题，大学里也有很多学生愿意主动追求信仰。但是，什么样的信仰才是正确的，才值得人们去信奉？信仰有没有一个选择标准？在很多人看来，共产主义信仰似乎不像基督教、佛教等宗教信仰那样“抓得到，摸得着”，那么，为解决这样的问题我们能做些什么呢？

当人们的信仰需要开始苏醒之后，信仰的选择问题就显得十分紧迫而必要。在经历几十年的信仰上的困惑、淡化、疏离甚至危机后，国人对信仰的需要日益苏醒，出现了许许多多寻找信仰、归依信仰的现象。其中也出现了一些在寻找信仰时找错了地方、误入信仰的陷阱，进而导致信仰悲剧的事件。

价值多元是现代社会的重要特征。这种多元是社会生活多样化的结果，是生活主体利益分化的结果，也是社会活动的自由空间增大的结果。在价值多元的社会中生活，必然会有价值选择的问题。信仰选择是一种更为根本、更为全面系统的价值选择。一种信仰总是容纳和包含着一系列的价值，因而一种信仰的选择也就包含着一系列的价值选择。信仰是一种价值整合，当一个人做出了信仰的选择时，他的一系列的价值选择也就从根本上决定了。

一个人信仰什么，或者选择什么样的信仰，必然会受到多种因素的影响。首先是社会主流价值观的影响。在价值多元、信仰多元的社会中，往往会有主导思想和主导价值观。这种主导的思想对人们的信仰选择有着重要的影响，人们总是自觉或不自觉地从主流文化中汲取思想信仰的营养，或者直接地以主流信仰为自己的信仰。但主流信仰并不能代替自己做出决定。每个人都有选择自己人生信仰的权利。尽管社会生活中人们信仰什么并不总是自由选择和慎重选择的结果，但从理论上讲，一个人选择什么样的信仰是他的自由。社会可以对人们的信仰选择提供建议和帮助，可以倡导和引导，但不能强迫。

除了社会主流思想信仰的影响外，个人信仰还受到家庭和个人际遇的影响。有的人出生在信教家庭，特别是像天主教这样比较重视家庭传承的宗教，子女往往继承家庭的信仰；有的人因为自己的人生际遇，在不知不觉中会走向某种信仰。这些情况说明，人的信仰选择并不是在毫无外界影响的情况下做出的，但即使如此，我们也还是可以有自主选择的余地。

在信仰问题上要自己去做决定，这可能让人感到为难，甚至不知所措，似乎不如只有一种信仰那样来得简单省力。但是，仔细想一想，我们生活在现代社会，在信仰问题上能够自己做主，这是好事，是社会进步的一种表现。作为一个现代人，特别是作为一个感受到信仰需要的中国人，我们应该有一种自觉自主的态度。

对信仰的选择不能采取随意、糊涂的态度，或只是跟着感觉走，而应有所思考、有所选择。为什么呢？

第一，不同的信仰会导致不同的人生。信仰对一个人的一生有全面而深远的影响。对此，绝不可以等闲视之，掉以轻心。信仰不是某种工具，不合用可以随意丢开；信仰也不是一种职业，不喜欢时可以更换。信仰具有最大的稳定性，它虽然不是一劳永逸的，但它确实不是可以随意更换、变来变去的。有人说过，手帕都不是随意丢弃的，更何况人的信仰呢？所以选择信仰，必须慎之又慎。

第二，在多样的信仰资源中，总会有一些信仰的陷阱，比如邪教和迷信团体等。一说起信仰，人们总觉得它是十分美好的东西。但在现实中，并不是每一种信仰或自称为“信仰”的东西都是好的。一些邪教和迷信团体，不仅对人生无益，而且往往对社会有害。它们也打着“信仰”的旗号，但它们就像沼泽地，人们一脚踩下去，就很难拔出来了。许多很好的人就因为一时不慎落入邪教魔掌，进而断送了自己的一生幸福。

第三，在信仰的选择上，人也肩负着对自我、对家庭和社会的责任。选择信仰无疑是个人的一种权利，但也是一种责任。它的结果不仅影响到个人，也影响到家庭和社会。所以，人要以自觉的态度来对待信仰的选择，既对自己负责，也对家庭和社会负责，不能采取随波逐流的态度。

信仰选择的标准是什么？这里只列出四条作为参考：

第一，要看这种信仰怎样对待理性和科学。要看它是以理性和科学的局限性为出发点，去反对理性和科学，还是把自己的立足点建立在理性和科学的正面价值基础上。如果有一种信仰公开反对理性，致力于让人进入非理性的世界，那我们就要保持警惕。

第二，要看这种信仰怎样对待现实生活。要看它究竟是让人厌弃和放弃现实生活，还是肯定现实生活；是逃避现实生活，还是勇于面对生活，并改造现实生活，在现实世界中追求人生幸福。如果有一种信仰，大讲世界末日，否定现实世界，让人放弃现实的生活，甚至放弃地球上的生命，去追求什么“天堂”之类，那也要对它保持警惕。

第三，要看这种信仰怎样对待道德和精神追求。要看它是否有文化价值，是否倡导和引领更高的精神境界，是否提倡对人生社会有益的道德。如果有一种信仰，不是致力于对真理和精神价值的追求，而是对某个人的膜拜和献身；如果它带给人的不是自我约束和精神提升，而是肉体上的放纵，或是对世俗权力和盲目力量的崇拜，那我们对它也要保持警惕。

第四，要看这种信仰是否正常和健康。因为信仰是在人类精神世界的深处做文章，而人类精神世界的深处，还没有完全被科学之光照亮。所以，在人类制造的信仰产品中，虽然也有比较健康美好的形态，但也有不少变态的和丑陋的形态。这些不健康的信仰，诸如邪教之类，是无益而有害的。对于这种违背人的生活常理、常情，走火入魔的信仰，躲得越远越好，不要使自己成为其牺牲品。

对于当代大学生来说，马克思主义或共产主义是青年学生们信仰上的一种明智选择。这种信仰是新类型的信仰，它不是出世的信仰，而是入世的信仰。它是理性的、建立在科学基础上的信仰，而不是以非理性、超科学为本质的信仰。这样的信仰尽管有其本质上的优点，但它在现实中又往往有其不利或不便之处。它因为不像出世信仰那样“超脱”，因而更容易受到现实变化的影响和冲击。但我们不能因此逃避现实、回避矛盾，把信仰建立在想象的世界里。我们应该在现实世界中，在认识世界改造世界的实践中，呵护和坚守自己的信仰。

同时，我们要加强自己的信仰建设，不断完善自己的信仰体系。我们要弄清马克思主义（科学共产主义）是不是一种信仰。有人认为，马克思主义是科学，不是信仰。我们不能讲什么坚定“马克思主义信仰”。笔者不同意这样的看法。马克思主义是科学固然不错，但这并不意味着它就不能成为人们的信仰。信仰有不同类型，科学的信仰也是信仰，而且是更好的信仰。如果否认这一点，就等于我们在当前的信仰竞争中主动退出竞争。一方面，我们要加强马克思主义科学性建设，加强理论的研究；另一方面，我们也要加强马克思主义信仰建设，特别是结合党的思想理论建设来进行党的信仰建设。我们要揭示马克思主义科学信仰的本质和规律，探索科学信仰建设的规律性；要加强马克思主义信仰体系的建构，包括信仰经典的编纂、基本信条的梳理、信仰方式的探索以及信仰教育的创新等。马克思主义具有科学性和真理性，又具有主流意识形态的地位。我们只要加倍努力，就会在增强马克思主义信仰的影响力方面取得成效。

第三章

弘扬中国精神

为什么爱国主义是中华民族精神的核心？

温　静

中华民族精神内涵丰富，包含着重德、务实、宽容、自强等许多元素，可我们却常说"弘扬以爱国主义为核心的民族精神"。爱国主义凭什么能成为中华民族精神的核心呢？

英国历史学家汤因比曾说："在近六千年的人类历史上，出现过二十六个文明形态，但是只有中华文化是延续至今而且从未中断过的文化。"中华民族虽然历经数次分裂与动荡，尤其是近代以来的侵略与瓜分，但并没有被击垮，而是一次次重整旗鼓继续前行，创造出非凡的中华文明。中华民族为什么会有如此顽强的生命延续力呢？其中一个重要原因在于，中华民族形成了以爱国主义为核心的民族精神。爱国主义在维护祖国统一和民族团结、抵御外来侵略和推动社会进步等方面，具有其他民族精神所不具备的独特属性和关键作用，是中华民族精神这个庞大系统得以存在和发展的基础。

从历史维度看，爱国主义贯穿中华民族的历史发展始终，其核心地位是历史选择和塑造的结果。最初的爱国主义表现为一种朴素的形态，包括对故土家园的依恋、对父老乡亲的亲近等。春秋战国时代的诸子百家纷纷著书立说、游说诸侯，为自己的国家奔走呼号、献计献策。孔子曾教导弟子们说："夫鲁，坟墓所处，父母之国，国危如此，二三子何为莫出？"意指鲁国是祖宗坟墓所在的地方，是生养我们的国家，祖国危险到这种地步，诸位为什么不挺身而出呢？随着时间的推移，爱国主义的作用更加凸显。各个时期都涌现出影响历史进程或时代格局的民族英雄，留下了脍炙人口的精神诗篇。比如，文天祥的"人生自古谁无死，留取丹心照汗青"，林则徐的"苟利国家生死以，岂因祸福避趋之"，陈毅的"取义成仁今日事，人间遍种自由花"，等等。历史的车轮走到今天，爱国主义有了新的形式，如诺贝尔奖获得者屠呦呦崇尚科学、求索创新的精神，医务工作者叶欣爱岗敬业、无私奉献的精神，理论工作者方永刚刻苦钻研、追求真理的精神，等等。

爱国主义也是中华民族精神生成与发展的根基。一方面，中华民族精神吸纳了许多不同气质的元素，既有匈奴、鲜卑、羯、氐、羌等少数民族的印记，也有儒、墨、道、法、佛等各种思想的影响。这些风格各异、价值多元甚至观点相悖的文化元素之所以能构成一个共同体，离不开爱国主义的整合功能。在各种文化元素的交流碰撞中，爱国主义以民族国家的整体发展为价值标准，以培养民族认同和国家意识为价值目标，坚持求同存异、优势互补，吸收优秀文化，淘汰落后文化，逐步演化出一套完整而持久的生成机制，形成了具有开放性和包容性的中华民族精神。

另一方面，爱国主义在不同时代的内涵变化，推动着中华民族精神的丰富和发展。封建社会的爱国主义主要同治国安邦、反抗外敌相联系，中华民族精神表现为革旧布新、仁爱天下、誓死杀敌等。近代以来的爱国主义主题是对外反对帝国主义的侵略，对内反对封建主义和官僚资本主义的腐朽统治，中华民族精神相应地升华出以救亡图存为主要内容的五四精神、抗日战争精神等，以及以艰苦奋斗为主要内容的井冈山精神、长征精神、延安精神等。当前，爱国主义就是要为实现中华民族伟大复兴而努力奋斗，中华民族精神生长出吃苦耐劳、敬业奉献、锐意创新等更多内容，比如载人航天精神、青藏铁路精神、奥运精神等。可以看出，以民族大义为先、以家国天下为重的爱国主义精神，始终是中华民族精神不断前进的内在力量。

从理论维度而言，爱国主义与其他民族精神相比，具有社会调控范围广、内涵延伸性大、价值引导力强等三个特点。首先，爱国主义既是道德规范，也是法律义务和政治原则。它不仅和其他民族精神一样是道德领域的自律要求，也是法律和政治领域的强制约束。《宪法》《保守国家秘密法》《国防法》《兵役法》《反分裂国家法》都对爱国有着明确的规定。《中国共产党章程》也强调：“为了保护国家和人民的利益，在一切困难和危险的时刻挺身而出，英勇斗争，不怕牺牲。”爱国主义能够将自律和他律结合起来，在内容上相互协调，在作用上相互促进，构成从低到高的完整规则系统，调控社会生活的各个方面，监督并确保民族成员恪守对民族和国家的忠诚。

其次，爱国主义是一条鲜活而清晰的价值主线，涵养出中华民族精神的多样化形式。比如，党的十六大报告将中华民族精神概括为以爱国主义为核心的团结统一、爱好和平、勤劳勇敢、自强不息的伟大民族精神。我们稍作分析即可发现，团结统一是将爱国主义用于处理中华民族内部各兄弟民族之间、各民族成员之间关系时的标准，爱好和平是将爱国主义用于处理中国与世界其他国家、中华民族与世界其他民族之间关系时的标准，勤劳勇敢、自强不息则是将爱国主义用于处理人类与物质世界之间关系时的标准。无论是以何种方式呈现出来的民族精神，我们都可以将其看作爱国主义精神在不同视角上的拓展和延伸。

最后，爱国主义精神的对象非常明确，即具有地理、文化和政治三重意义的国家，而其他中华民族精神的目标对象相对宽泛。比如，艰苦奋斗、无私奉献等精神，既可以指向国家、民族，也可以为了某件事、某个家庭甚至某个人。国家利益与个人利益息息相关，国家涉及各个阶层和群体的诉求。对国家的情感抒发和行为表达，是一种具有明确实体又充满说服力的公共意识，容易引起人们的关注与共鸣，从而迅速形成价值共识和强大合力。因此，爱国主义精神拥有其他中华民族精神所无法企及的感染力、凝聚力和动员力，有利于引导全体民族成员为共同目标努力奋斗。

从现实维度而言，以爱国主义为核心是当代中国发展的必然要求。党的十八大以来，中国梦成为社会主题词，从机关到基层、从城市到乡村、从党员干部到普通群众，各行各业的人都在讨论中国梦。实现中华民族伟大复兴是中华民族近代以来最伟大的梦想，我们比历史上任何时期都更接近这个梦想。应当以什么样的精神状态追梦、圆梦，完成“两个一百年”的奋斗目标呢？习近平同志强调：“实现中国梦必须弘扬中国精神。这就是以爱国主义为核心的民族精神，以改革创新为核心的时代精神。”只有高举爱国主义精神的旗帜，才能激发人们对国家前途命运的责任感和使命感，唤起爱国热情，凝聚民族力量。

目前，中国的发展还面临许多风险和挑战，比如贫富差距、贪污腐败、环境污染等，这些都需要弘扬爱国主义精神来推进问题的解决。我们经常听说“改革进入攻坚区和深水区”这句话，它是什么意思呢？改革将要触及深层利益关系和敏感重大问题，要啃“硬骨头”，要涉“险滩”，要动一动既得利益者的“奶酪”。虽然“现在触动利益往往比触及灵魂还难”，但是一个稳定发展的中国和一个繁荣昌盛的中华民族，是各个阶层或群体的共同需求。弘扬爱国主义精神，就是将每个人的前途命运与国家和民族的前途命运紧密相连，促使中华民族成员在竞争中诉诸理性，在冲突中保持宽容，缓和社会矛盾，凝聚社会共识，形成推动国家发展进步的强大正能量。

同时，爱国主义是在意识形态斗争异常尖锐复杂的环境中抵御西方错误思潮的有力武器。中国的迅速崛起令仍具有冷战思维的西方国家大为紧张，它们加紧进行思想渗透，美国前国务卿奥尔布赖特公开声称：“我们要利用互联网把美国的价值观送到中国去。”境内外敌对势力在网络上相互呼应，对政府工作横加指责，对社会矛盾夸大其词，对国民素质妄加评论，甚至捏造事实、散布谣言，极尽抹黑中国、美化西方之能事。它们还利用游戏、影视、课程等载体传播西方价值观，致使新自由主义、历史虚无主义、“普世价值”等各种错误思潮甚嚣尘上。当教育部部长提出反对西方价值观渗入高校课堂时，竟然遭到一些网络大V和媒体的故意曲解乃至攻击谩骂。面对严峻挑战，我们要弘扬爱国主义精神，巩固国家意识和民族认同，牢牢掌握意识形态领域的主导权和话语权。我们看到，在爱国主义精神的影响下，越来越多的人对意识形态斗争有了清醒的认识：“中国真心不容易，国力要和美国比，福利要和北欧比，环境要和加拿大比，机械要和德国比……”

总之，在经济全球化和改革开放的时代背景下，弘扬中华民族精神必须高扬爱国主义旗帜，增强人民群众对中华民族的归属感、对中国共产党领导的社会主义中国的认同感。

如何理解爱国与爱社会主义的一致性?

温　静

有人说，既然国家、政府、党是不同的概念，那么爱国就不一定要爱党、爱政府、爱社会主义。我爱我的祖国，但我不爱社会主义。请问这种说法对吗?

国家、政府、党是三个不同的概念，但凡严谨的人，都不会把这几个词简单地画上等号。政府是国家权力的执行机关，政党是影响国家运行的重要中介。国家总是与社会形态和制度联系在一起，没有脱离社会形态和制度而抽象存在的国家。它们之间相互作用、关系密切。在一些国家和中国历史上的某些时期，由于国家、政府、党在发展目标和价值取向上的明显差异，爱国与爱党、爱政府、爱社会制度无法统一起来。在当代中国，爱国与爱党、爱政府、爱社会主义在本质上是一致的。正如邓小平所说："难道祖国是抽象的吗？不爱共产党领导的社会主义的新中国，爱什么呢？港澳、台湾、海外的爱国同胞，不能要求他们都拥护社会主义，但是至少也不能反对社会主义的新中国，否则怎么叫爱祖国呢?"

有人说，现在世界上的发达国家都实行资本主义制度。但是，资本主义制度下也存在大量贫穷落后的国家。资本主义不是万能药，不能包治所有国家的问题。中国可以走资本主义道路吗？事实证明资本主义道路在中国行不通，中国多次尝试走资本主义道路，但均以失败告终。中国共产党执政、社会主义制度是中国近现代历史发展的必然选择，也是中国人民的必然选择。

如何看待中国的环境污染问题、食品安全问题、贪腐问题呢？应当承认，这些问题非常令人忧心。它们既是中国社会亟待解决的问题，也是一个国家在快速转型过程中容易遇到的问题。但这并不可怕，世界本身就是一个不断发现问题和解决问题的过程。实际上，发达资本主义国家在工业化道路上也曾经面临或仍然面临这些问题。比如环境污染问题曾经是英国的历史伤痛，1952 年的“伦敦烟雾事件”造成几天内死亡 4 000 人的严重后果。经过几十年的治理，伦敦才在 20 世纪 70 年代摘掉“雾都”的帽子。

食品安全问题则是各大资本主义国家一直无法回避的问题。1955 年，日本乳业龙头森永公司生产的毒奶粉造成 130 名婴儿死亡；1990 年，西班牙、法国、意大利相继发生“瘦肉精”引发的食物中毒事件，受害者达 400 余人；1999 年，比利时的二噁英鸡污染事件波及欧盟1 000多家饲料厂，并导致当时的比利时内阁集体辞职；2008 年，美国爆发大规模的花生酱受污染事件，至少 46 个州的 700 多人感染鼠伤寒沙门氏菌；2013 年，欧洲马肉冒充牛肉事件波及欧盟 10 多个国家。

而贪腐问题更是资本主义国家的痼疾。18 世纪的英国和 19 世纪的美国都在社会急剧转型时期经历过腐败高发的阵痛，贪污受贿、投机回扣、政党分肥等触目惊心的丑闻遍及社会各个领域。美国学者泽菲尔·提绍特在《美国的腐败》一书中详细记录了“镀金时代”的社会腐败状况。虽然许多国家在长期治理后逐渐走出腐败高发期，但贪腐问题并未根绝，反而以更加隐蔽的形式普遍存在于资本主义世界。我们所看到的以色列前总理奥尔默特等政坛高层因贪腐被判刑的事件只是冰山一角。经合组织 2014 年公布的《跨国行贿报告》显示，发达国家在腐败问题上比发展中国家有过之而无不及。

当然，了解这些并不是给中国出现问题找借口，而是为了在解决问题时吸取经验教训，少走一些弯路。近年来，中国深刻地认识到问题的严重性，积极采取措施并取得许多阶段性成果。比如，生态文明建设和环境保护被提升到国家战略的新高度，《大气污染防治行动计划》、《水污染防治行动计划》以及新《环境保护法》相继实施，环境质量已有所改善。中国已批准加入多项与生态环境有关的多边公约或议定书，这显示了我们致力于解决全球性环境问题的决心。食品安全方面，中国从 2015 年 10 月开始实施“史上最严”的新《食品安全法》，完善了食品安全法律框架，初步形成社会共治的食品安全治理体系。打击贪腐方面，中国已进入反腐败新常态，掀起了“猎狐行动”“天网行动”等一系列反腐风暴，“苍蝇”“老虎”一起打，无论是省部级高官还是县官村官都无处可逃，反腐成果有目共睹，反腐力度令世界瞩目。不可忽视的是，问题的解决需要一个过程，毕其功于一役并不现实。相信在国家的持续努力下，中国的未来会越来越好。

那又应当如何看待发达资本主义国家的高工资高福利呢？高工资高福利确实令人向往，但它必须依托于强大的财政实力尤其是较高的人均财政收入水平。发达资本主义国家的高工资高福利，建立在欧洲各国自二战以来 30

多年“黄金增长”期所创造的巨大财富基础之上，有的国家甚至还有殖民扩张积累的原始资本。

中国的情况是怎么样的呢？1949年以来，经过长期战争后千疮百孔、一穷二白的中国，从解决人民的吃饭问题开始，不断提高人们的生活水平和福利保障。从1978年到2013年，中国经济以年均9.8%的速度保持高速增长，中国于2010年上升为仅次于美国的全球第二大经济体，远超同期世界经济的年均增速，被誉为人类经济发展史上的奇迹。但是，中国的人口基数太大，在2016年国际货币基金组织发布的报告中，中国人均GDP虽然上升至第73位，却仍然与许多国家存在不小差距。即使国家把所有的财政收入都用在福利保障上，也无法让13亿多人都享受高工资高福利。近年来，中国用于改善民生的财政支出占总财政支出的比例已达2/3，教育、医疗卫生、就业等福利保障更加完善，但也只能处于“低水平、广覆盖”阶段。

值得注意的是，由于发达国家的经济增速普遍放缓，无法继续负担高福利的包袱，许多曾经的高福利“样板国”突破了GDP的60%的公共债务上限，财政陷入入不敷出、进退维谷的窘境。比如，瑞典高福利背后是高税收和高财政赤字，希腊高福利背后是高负债，等等。一些高福利国家已经开始反思这一政策的弊端。因此，我们可以从更长远的趋势和更宽阔的视野来看待这个问题，不能以暂时的差距否定社会主义的发展方向。中国几十年的发展成就已经令世界叹服，为什么不多给一点时间让社会主义的优越性继续发挥呢？

如果中国改弦易辙走资本主义道路，真的会比现在好吗？来看看俄罗斯吧。苏联解体前，许多自诩爱国的人拼命攻击社会主义，要求走全盘私有化的资本主义道路。1991年苏联解体后，俄罗斯处于严重的社会动荡和经济危机之中，不得不在1998年宣布卢布贬值、无力偿还国债，人民生活急剧恶化。普京曾经回忆道：“20世纪90年代俄罗斯国内生产总值几乎下降了50%……大概这是俄罗斯近两三百年来首次真正面临沦为世界二流国家，抑或三流国家的危险。”“苏联解体是20世纪地缘政治上的最大灾难。对俄罗斯人民来说这是一个悲剧。”如果时间可以倒流，当时所谓的爱国者还愿意让悲剧重演吗？

针对苏联解体前后的非政治化、非意识形态化、淡化爱国主义等思想倾向，普京在首次就任总统时便着手制定爱国主义教育五年计划——《2001—2005年俄罗斯国民爱国主义教育国家纲领》，并先后出台了《关于完善国家爱国主义教育政策》《俄青少年公民教育和爱国主义教育纲领》等，增强国家的凝聚力和向心力。近年来俄罗斯再度崛起，一个重要原因就在于爱国主义精神的弘扬。

历史和现实告诉我们，真正的爱国就是要尊重中国人民的选择，走适合国情的中国特色社会主义道路。

如何看待抵制洋货与爱国之间的关系？

温　静

南海仲裁案结果出来后，有的人号召抵制洋货，在朋友圈转发“举国不去肯德基与麦当劳消费”的“爱国倡议”。一些人在网络上传播“爱国诗”：“韩货日货肯德基，丰田本田苹果七。国难当头不能买，买了助敌打南海。只要人民都不用，日美韩菲就得穷。就算不能上前线，在家也能做贡献！”请问抵制洋货就是爱国、购买洋货就是不爱国吗？

中华民族具有悠久的爱国主义传统，每当遭遇外族入侵或中外纷争，人们就会通过各种方式表达自己对祖国的深厚情感。面对南海仲裁案，人们的爱国热情被点燃，纷纷在网络上表态支持中国政府不参与、不接受、不承认、不执行的立场，彰显出普通民众维护国家主权和领土完整的决心。在这些声音中，一个熟悉的口号再度出现——抵制洋货。许多人可能还记得：1999 年美国轰炸中国驻南斯拉夫大使馆之后，民众在游行抗议中呼吁抵制美货；2008 年奥运圣火在巴黎传递时遭抢夺并传出法国企业支持“藏独”的消息后，多地出现抵制家乐福的事件；2012 年日本“购买”钓鱼岛的闹剧发生后，各地出现抵制日货的风潮。

这个口号是怎么来的？为什么每次中国面临国际冲突或纠纷时它都会出现呢？从历史上看，抵制洋货是近代以来中国人民反抗帝国主义殖民侵略的产物。第一次全国性的抵制洋货运动发生在 1905 年，为了反对美国政府继续施行迫害和限制华工的条约，中国人民掀起了大规模的抵制美货运动，家家户户门前都张贴有拒买美货的标语，“义声所播，震动全球”。影响最为深远的则是 1919 年五四运动期间的抵制日货运动。为了反对巴黎和会上西方列强把山东的权益交给日本的无理行径，各界民众联合开展了声势浩大的抵制日货运动。这些斗争虽然没能改变中国半殖民地半封建的社会性质，却在一定程度上打击了帝国主义的经济倾销，促进了民族工业的发展，充分展示出中国人民的爱国力量。在此后的各次对外抗争运动中，人们借鉴和传承了这种以拒买外国货为主题的经济抵制方式。于是，承载着历史记忆的抵制洋货行为成为百余年来老百姓表达爱国情感的重要渠道。

既然抵制洋货运动在近代中国产生了这么大的影响，那现在是不是应该继续开展呢？有的人说，为了国家和民族利益，必须抵制洋货。民众自发的爱国勇气和热情当然弥足珍贵，值得我们倍加爱惜，可是抵制洋货真的符合国家利益吗？

一方面，在“你中有我、我中有你”的世界经济体系中，一件商品是洋货还是国货越来越不好界定。你所谓的国货，可能早已归属外国企业旗下。一位响应爱国倡议不吃洋快餐的妈妈发帖说带孩子去了永和大王。虽然永和大王由中国人创立，主营中式快餐，可它已于 2007 年被菲律宾最大的快餐连锁公司全股收购。土生土长的国民品牌大宝，也于 2008 年由美国强生公司全资控股。

你所抵制的洋货，却可能带有中国血统。在抵制活动中屡受冲击的日本车大多是中国制造，属于中日合资企业的产品。比如，中国市场上的丰田汽车主要产自天津一汽丰田和广州广汽丰田，本田汽车主要产自武汉东风本田和广州广汽本田，铃木汽车主要产自重庆长安铃木和江西昌河铃木，等等。在南海争端中受到抵制的肯德基和麦当劳，有相当一部分的门店属于特许经营模式，即由中国人出资经营、自负盈亏。正如《人民日报》官方微博所说：“我们早就成了他们的股东，抵制他们就是抵制我们自己。”

另一方面，在全球化深入发展的趋势下，当代中国同外部世界相互交融和依存的程度前所未有。中国既需要外国商品来丰富人民生活，更需要引进国内暂时没有或达不到的技术、设备和管理经验。在最近几次抵制洋货的活动中，不少人遭遇过尴尬事。比如，在拍摄抵制日货的场景时发现，照相机和摄像机是佳能、尼康、索尼的天下，全国各大电视台的转播设备大多也是日本品牌，砸不砸？在网络上发帖抵制美货时发现，Windows 和安卓系统都属于美国，用不用？当得知第二代居民身份证的照片和文字均由日本富士施乐公司的设备印刷时，一些人的心绪更加复杂。

外国商品不断走入寻常百姓家的同时，外资企业也越来越多地进入中国市场，许多企业更是本地的纳税大户、就业大户。它们在带来资金、技术、管理的同时，也带动了相关产业的发展，增加了国家财政收入，对中国经济具有促进作用。以家乐福为例，这家法国企业目前在中国拥有 200 多家门店和 6 万多名员工，经营的商品 95%来自本地，每年给中国缴税上亿元，每年的中国商品采购出口额达几百亿元。也许你身边就有许多在外资企业工作的人，许多学生也会利用假期去外资的超市和餐厅勤工俭学。

改革开放以来，对外经贸合作始终是中国经济增长的重要动力。抵制洋货不仅会造成巨大的直接经济损失，还会损害国际关系、恶化投资环境，不利于对外开放战略的实施，最终将伤及中国的整体利益，影响国家的发展大局。我们应当明白，当今的世界是开放的世界，中国的发展离不开世界，中国的前途命运日益紧密地同世界的前途命运联系在一起。

所以我们大可不必对身边的洋货如此纠结。中国同世界的关系已经发生了历史性变化，近代中国的“门户开放”是在内政外交孱弱、主权部分丧失的背景下的被动和被迫之举，当代中国的对外开放则是建立在国家独立、主权完整基础上的主动选择。洋货数量和种类的增多，正是改革开放以来中国不断参与国际交流合作、融入世界市场的结果。积极引进国外的先进科技成果和有益管理经验，取人之长补己之短，以此提高中国企业和产品的竞争力，推动国家的经济发展和现代化进程，这难道不是爱国吗？正因为如此，习近平同志强调：“中国开放的大门永远不会关上。”

还有一种观点认为，在中国境内抵制洋货确实不妥，但应当抵制到境外购买洋货。近年来，中国游客的海外消费额逐年增长并创下历史新高，商务部的数据显示，2015 年中国游客在境外消费约 1.2 万亿元。就连常常成为抵制目标的日本，仅国庆 7 天就有 40 万中国游客扫货 1 000 亿日元，不少人连马桶盖和电饭煲都买回来了。国人疯狂的购物行为引发广泛关注，也受到了崇洋媚外、不爱国等批评。许多人担心，中国人的钱大量流入外国人的口袋，拉动了外需，掏空了内需，对中国经济发展可不是好事。这种担心不无道理，境外消费确实冲击了国内消费业以及相关产业，但据此认定这些人不爱国也不合理。

首先，境外消费是全球范围内商品贸易的必然结果和常态。中国历经坎坷加入世界贸易组织，现已成为世界第一大出口国和第二大进口国，境外消费是中国成功融入国际经济社会后不可避免的现象。在世界市场面前，最具消费爱国传统的韩国人也不再盲目支持本国产品，据英国媒体报道，越来越多的韩国人开始关注质优价廉的外国商品。其次，得益于国家发展红利，更多的普通百姓有能力出国旅游购物，这说明中国对世界经济尤其是旅游消费产业的贡献度增多，是中国在全球市场地位迅速提升的表现。更重要的一点是，国人消费能力和水平的提高，对“中国制造”转型升级具有倒逼和刺激作用，有助于推动国内消费品更新换代，促进产业升级。

年长的人可能记得，日本电视机是20世纪80年代人们出国必购的奢侈品，不过现在很少有人去海外买电视了，因为价廉物美的国产电视得到了大家的认可。手机刚普及时，摩托罗拉、诺基亚等外国品牌一统天下，而现在小米、华为等国产手机强势崛起。日益增长的海外消费背后，虽然不乏盲目跟风的因素，但更多的是国人对商品性价比的追求。相同的品牌商品，国外的价格更低，有的高端商品差价可达上万元；同样的产品，国外的质量更好，国内产品无法达到消费者的品质要求。经济学家指出，想要把境外消费吸引回来，关键是改善供给结构，提升供给质量，适应人们消费需求的变化。

目前，国家已经启动供给侧结构性改革重大发展战略，推动中国企业创建品牌、提高品质、增加品种。所以，我们不妨以平常心看待境外消费。毕竟破除对洋货的迷信，树立对国货的信心，建立理性的消费方式，都需要一个过程。

总之，消费与爱国并不是直接对应关系，抵制洋货不等于爱国，购买洋货不等于不爱国。抵制洋货在特殊时期或特定场合具有积极作用和深远意义，但不应当简单地把老百姓的日常消费行为作为爱国与否的判断标准。如果强行把消费行为意识形态化并与爱国捆绑在一起，站在道德的制高点指责别人，可能会伤害民众的爱国情感。以维护国家利益之名行违法犯罪之实，更是玷污了爱国这个神圣的词。报国寸心坚似铁，爱国不需要理由，但需要理性。把爱国热情转换为做好本职工作的实际行动，才是爱国的正确打开方式。

“人权高于主权”错在哪里？

温　静

有些人说，主权跟老百姓没有什么关系，真正跟老百姓有关系的是人权。统治者把主权提高到至高无上的地位，就是方便侵犯普通百姓的人权。既然国家是由人组成的，中华人民共和国的一切权力属于人民，“人权高于主权”有什么不对呢？

大家是否还记得2015年9月举行的纪念中国人民抗日战争暨世界反法西斯战争胜利70周年大阅兵？当我们还沉浸于骄傲和自豪的爱国情绪中时，叙利亚3岁小难民伏尸海滩的新闻牵动了世界。为了寻找远离战火的栖身之所，这个孩子在本该玩耍的年纪和家人铤而走险搭上难民船，却遭遇海难溺亡在冰冷的海水里。还记得2015年3月两个同处于战火之中的小女孩的对比照片吗？一张照片是叙利亚难民营的小女孩，她误以为摄影师的长焦镜头是一把枪，满眼恐惧地跪下来，举起双臂投降；另一张照片的主角是也门撤侨中的中国小女孩，她平静地拉着海军女兵的手准备登上军舰回国。她们的不同境遇带给我们极大震撼，也促使许多人反思：主权与老百姓真的没有关系吗？

那些相信跟老百姓有关系的是人权而不是主权的人，是否真正理解了人权呢？人权概念从出现开始就与国家的主权独立和领土完整密不可分。比如，被誉为“第一个人权宣言”的1776年美国《独立宣言》，它的实施离不开美国人民推翻英国殖民统治、实现美国主权独立的艰苦斗争；1789年法国《人权宣言》的实施，也必须依靠法国人民对内摧毁封建君主专制、对外打败反法同盟围剿，维护法兰西共和国的主权和领土完整。

随着时代的发展，人权概念也在不断演进。资产阶级启蒙思想家最初提出的人权主要是指生命权、自由权、平等权、财产权等基本权利，后来逐步增加了工作权、休息权、受教育权、社会保障权等经济文化社会权利。20世纪以来，世界范围内的民族解放运动蓬勃兴起，一大批新兴的民族国家以独立姿态登上政治舞台，它们推动了人权概念的进一步丰富，明确提出了集体人权的要求，即以社会群体、民族和国家为主体的各种权利，如民族自决权、经济文化发展权、分享文化遗产权等。1966 年，联合国通过的《公民权利和政治权利国际公约》和《经济、社会和文化权利国际公约》确立了“民族自决权”，第一次把集体权利列为国际人权保护的基本准则。众所周知，国家是属于国民的，国家主权就是全体国民的集体人权。事实一再证明，集体人权丧失了，个人人权也不复存在，集体人权是个人人权得以实现的前提条件和基本保障。因此，在这个意义上，没有国家主权就没有个人人权，国家主权高于个人人权。

但是，西方国家出于自身利益考量，只承认个人人权，否认集体人权的存在。邓小平曾说：“什么是人权？首先一条，是多少人的人权？是少数人的人权，还是多数人的人权，全国人民的人权？西方世界的所谓‘人权’和我们讲的人权，本质上是两回事，观点不同。”西方国家不顾人权发展的历史和现实，将个人人权和国家主权割裂并对立起来，把个人人权凌驾于国家主权之上，严重歪曲了个人人权和国家主权之间的关系。正如美国学者霍勒曼所说：“当西方人把焦点集中在个人权利而忘记社会权利和个人对社会的责任时，他们过于狭隘地定义了人权，当西方人把焦点集中在诸如言论自由、宗教自由而忘记如衣、食、住、保健等基本的人类需要时，他们也过于狭隘地定义了人权。只有当西方人把他们的见解扩大到不仅包括个人的和精神的，而且也包括集体的和物质的内容时，一种真正普遍的人权观才是可能的。”

除了对历史的背离，“人权高于主权”的观点也不符合国际法。第二次世界大战之前，人权在国际法上并不占有重要地位，人权问题属于绝对的国内管辖事项。第二次世界大战后，国际社会深感人权保障的重要和紧迫，不仅在 1945 年的《联合国宪章》中重申尊重基本人权，而且于 1948 年通过《世界人权宣言》，并先后形成一系列国际人权公约。这些被“人权高于主权”论者视作法律依据的公约条款，只是展示了主权国家日益增强的人权保障意识，却不能成为支持其观点的法理论据。因为，作为联合国基本大法的《联合国宪章》规定，“本宪章不得认为授权联合国干涉在本质上属于任何国家国内管辖之事件”。《世界人权宣言》在宣告 28 项人权后强调：“这些权利和自由的行使，无论在任何情形下均不得违背联合国的宗旨和原则。”也就是说，人权必须建立在主权原则的基础上，不能与主权原则相冲突。

此外，《关于人民与民族自决权的决议》《亚非会议最后公报》《给予殖民地国家和人民独立宣言》等国际公约也重申，国家独立权和民族自决权是充分享受一切基本人权的先决条件。如果不承认国家主权，以国家主权为基础的世界性国际社会就无法形成，《联合国宪章》及其他国际法规根本就没有签订的可能。所以 1970 年通过的《国际法原则宣言》明确指出：“任何国家或国家集团均无权以任何理由直接或间接干涉任何其他国家之内政或外交事务。”

当然，人权问题具有一定的国际性。就像“人权高于主权”论者常常举的例子，邻居家要杀人了，难道我们不应该去制止吗？国际社会一般公认以下三类情况属于人权国际保护的范围：一是凡属帝国主义、殖民主义、霸权主义对殖民地、附属国及其他国家的民族自决权、自然资源主权、发展权以及与此相联系的个人权利的大规模公然侵犯；二是种族歧视、种族隔离、灭绝种族、贩卖奴隶、大规模地制造和迫害难民、宣传战争、鼓吹法西斯主义等；三是国家间有关人权的协议一致的条约、公约所规定的各项措施。

如果邻居违背了社区公认的法规原则，或是侵犯行为直接影响了整个小区的安全，你可以依据社区公约采取行动。倘若邻居家争执的是他们自己有能力解决的内部事务，根本轮不到你指手画脚，你凭什么往里冲呢？在当前的现实条件下，主权国家仍然是国家政治的基本单位和主要行为体，国家主权原则是最有效的国际关系原则。人权的国内管辖是保护人权的基本途径，人权的改善归根结底要靠该国政府和人民的共同努力。所以，我们要尊重人权的国内管辖和国际保护之间的界限，尊重主权，反对霸权，尤其是反对以人权为名干涉其他国家内政的行径。

近些年来，以美国为首的西方国家高喊“人权高于主权”，支持国内反对派颠覆国家政权，甚至不惜公开进行军事干预，如科索沃战争、阿富汗战争、伊拉克战争等。可是，它们不但没有改善人权，反而引发了原本不该出现的社会动荡和倒退，恶化了这些国家的人权状况。欧盟统计局 2016 年 3 月发布的数据显示，叙利亚、阿富汗和伊拉克是难民的三大来源地。

面对第二次世界大战以来最严重的欧洲难民危机，欧盟成员国不再人人平等，而是主权至上了，许多国家加强了边界管控，甚至关闭边界、修建铁丝网，拒绝难民进入。时任联合国秘书长潘基文不得不对此发表演讲，表示对欧洲日益收紧的难民政策极为担忧，对欧洲日益增加的排外倾向感到不安。虽然欧洲联盟是世界上一体化程度最高的区域性国际组织，但各成员国也不愿意轻易让渡本国主权，而是全力捍卫自己的利益。正因为如此，涉及部分主权让渡的《欧盟宪法条约》被否决并取代，欧盟共同安全与外交政策难以取得较大进展。

以“人权卫士”自居的美国更是在人权问题上采用双重标准。2016年4月，美国发布了《2015年国别人权报告》，再一次对世界各国的人权状况妄加评论，却对自身的人权问题视而不见。2015年美国枪支犯罪猖獗，共发生枪击事件51 675起，造成13 136人死亡；最穷的20%人口的收入仅占全民总收入的3.1%，而最富有的20%人口的收入占到51.4%，贫富差距日益悬殊；白人拥有的财富是非裔的12倍，是拉美裔的近11倍，种族矛盾更为尖锐。《纽约时报》通过大数据分析得出结论，美国总统的儿子成为总统的概率比同龄人高140万倍，州长的儿子成为州长的概率比普通美国人高6 000倍，参议员子承父业的机会比普通美国男性高出8 500倍，金钱政治和家族政治变本加厉。

美国政府至今没有加入一系列联合国核心人权公约，比如《经济、社会和文化权利国际公约》《儿童权利公约》《消除对妇女一切形式歧视公约》《残疾人权利公约》等。实际上，即使是签署和批准的公约，美国也不一定会执行。哥伦比亚大学法学教授亨金曾总结出美国在批准国际人权条约时的抵制原则，包括不承担与美国宪法不一致而难以履行的任何条约义务，不得导致或修改美国的现行法律或实践等。有些人为美国辩白说，不加入和不批准这些人权条约的原因是美国自己的人权标准更好。可是，这些不正好说明美国奉行的是主权高于人权吗？

中国坚持国家和民族利益高于一切，并没有否定人权，更不是为了侵犯人权，而是要让老百姓的人权拥有坚实根基。新中国成立以来，中国一直将实现人民群众的根本利益作为奋斗目标，把实现中国人民的基本人权作为重要任务。在几十年的人权建设中，中国以不到世界10%的耕地解决了13亿多人的吃饭问题，收入水平持续提高，人们的生存和发展权得到前所未有的改善。同时，中国的人权法治保障水平极大提升，“国家尊重和保障人权”已写入宪法，民主权利和自由更加广泛，少数民族和妇女、儿童、老年人、残疾人等特殊人群的权利保障体系更加完善。

人权事业不可能一蹴而就，也不可能一劳永逸。由于人口数量多、区域差异大及发展不平衡等现状，中国人权状况方面还存在一些不尽如人意的地方，一些违背法治原则、损害人民利益的问题依然存在，中国的人权事业还需要付出更多努力。总之，人权问题上没有最好，只有更好。只有维护好独立完整的国家主权，才能实现和保障基本人权。

经济全球化背景下为什么要弘扬爱国主义？

陈锡敏

有人认为，当今是经济全球化迅猛发展的时代，在这样的背景下，提倡弘扬爱国主义会让人觉得过于狭隘，是跟不上时代潮流和落伍的表现。我们应该提倡爱世界、爱人类、为人类做贡献。我们应该如何理解全球化时代弘扬爱国主义的问题？在全球化时代弘扬爱国主义真的过时了吗？

首先，我们应该看到，当今的全球化主要是经济的全球化。全球化是资本、生产、技术、市场的全球化，是在全球范围内按照各国技术水平的高低而进行的产业链的重新组合、划分。持有资本和高科技的国家在全球中处于产业链的上游地位，而科技水平低的国家大多处于全球产业链的下游。处于上游的国家占有知识产权，凭持有资本占有选择投资地、设立投资条件和利润分成比例等优势，大多从事科技研发、设计的工作，获得大部分的利润；而处于下游的国家大多要接受他人投资的条件、从事低端的产品加工包装工作，获得较少的收益，就像苹果在中国所设立的手机生产厂，技术和品牌的持有者是美国，我们只凭人力资源的丰富和人力成本的低廉而赚取少量的加工费。随着经济全球化的发展，资本会投向具有高技术含量和竞争优势的产品、产业，会寻找土地、人力成本低的国家和地区，会将产品推向人口多、具有消费力的国家市场，因此，发达国家和发展中国家在经济全球化中所处的地位是不同的。

其次，我们要看到经济的全球化并没有带来政治的全球化，相反，还加剧了国家间的竞争。这一方面是因为社会分工所造成的世界两极分化越来越严重，另一方面是因为分工造成的一国国内的矛盾越发凸显。在产业的全球分工中，发达国家将低效率、高污染的夕阳行业都转移到了发展中国家，加剧了发展中国家环境的污染、生态的破坏，引发了发展中国家的不满，而这些行业的转移也造成发达国家自身从事相关行业的工人的失业，又引发了发达国家本国工人的不满。这样就造成发达国家与发展中国家的矛盾、发达国家内部失业工人与其政府的矛盾。因此，在经济全球化推进的同时，伴随着反全球化运动的产生、贸易保护主义抬头、区域一体化开始盛行，国家在经济全球化中所起的作用越来越大。另外，国家间剧烈的政治冲突不会因全球化而改变个人成为牺牲品的现实。叙利亚、利比亚、伊拉克等国家受到外国势力的干预，国内局势的动荡致使大量平民成为难民，而难民一旦离开栖息的家园成为国际难民时，就成了烫手的山芋，不被各国所欢迎，甚至被各国所驱赶，成为国际上的流浪儿。看看欧洲正经历的难民潮，你就会明白，国家对于一个人来说意味着什么。

最后，经济全球化并没有带来人员流动的自由化。随着交通的便捷、个人经济状况的改善，人们有条件在世界范围内行动，但国界并没有消失。所谓人员的自由流动也只是对于一部分拥有资本或特殊技术的人员而言的，即使是这部分人也拥有一个或两个国家的国籍，精神和心理上也有自己的归属地，世界范围之内还不存在现实意义上的国际人。对于大多数人而言，一辈子只能生活在一个国家，个人的生存、发展、荣辱都与特定国家的兴衰联系在一起。可以说，国家的强大使个人拥有了更多选择的自由，其中包括了流动的自由、不必被迫移民或移居他国的自由。

因此，我们可以得出：在经济全球化时代，国家对于一个人来说不是可有可无的。在这样的一个时代弘扬爱国主义不但必要，而且与做一个国际主义者并不矛盾，对于大学生来说更是如此。

经济全球化时代弘扬爱国主义，是对国家之间科技竞争、人才竞争的回应。一个国家的科技水平关乎一个国家在全球产业链中的位置，关系到一个国家能否在竞争中占有优势。而科技发展水平的高低取决于一个国家是否拥有高水平的科技人才，这些人才是否具有社会责任感、历史使命感，是否愿意为国家贡献自己的聪明才智。大学生是国家人才的储备军，是未来国家科技建设的主力军。但是，因为教育程度高、知识水平高，在经济全球化时代，大学生比一般人更有能力在其他国家就业、定居甚至加入其他国籍，为其他国家效力。因此，在全球化时代，大学生更应该弘扬爱国主义，担当责任，为实现中华民族伟大复兴的中国梦而奋斗。

经济全球化时代弘扬爱国主义，是国家间软实力竞争的重要组成部分。所谓软实力，就是一个国家的文化、价值观、制度等在世界上的影响力。改革开放以来，中国实现了经济上的腾飞，走出了一条适合自己国情的中国特色社会主义道路。世界上已经有人在谈论“中国模式”，说明我们所实行的制度、所探索出的道路、所持有的价值观已经引起了世界的关注，有了一定影响力。但我们国内的一些人对自己的道路、制度、理论和文化反而没有自信，还盲目追捧别人的所谓“普世价值”，受到一些错误社会思潮的影响。大学生作为站在时代前沿的人，接受的信息量大、新，与外界的接触多，游走在各种学术流派、思想理论中，理应有更理性客观的视角、强大的辨识力，能抵御住各种思潮的“忽悠”，不做有损国家和社会的冲动行为。我们常说“少年强则国家强”，这个“强”首先就是思想的强大、有坚定的理想信念，然后就是责任的担当、行动的坚毅果敢。大学生弘扬爱国主义就应该体现这样一种气概，充分展示道路自信、理论自信、制度自信、文化自信的力量，这是国家软实力不可缺少的部分。大学生弘扬爱国主义，还可以和全国人民团结一致，凝聚起巨大的力量迎接各种挑战，共同为建设富强民主文明和谐美丽的国家而奋斗。

经济全球化时代弘扬爱国主义，更能将建设国家与贡献世界有机地结合起来。在经济全球化时代，我们提倡改革创新。这不但意味着我们不断向世界各民族学习先进的科学技术和经营管理经验，而且还意味着我们要通过自己在这些方面的创造和发明来向世界做出自己的贡献，推动人类的共同进步和发展。面对世界生态环境不断恶化的趋势，一方面，我们在国内倡导生态文明建设，减少二氧化碳的排放量，增加可再生能源的利用比例，采取措施治理各种污染，积极改善国内的生态环境；另一方面，我国在国际上提出了通过全球治理来打造人类命运共同体的理念，努力促成世界气候变化巴黎大会达成气候变化的新协定，承诺将我国的二氧化碳排放量到 2030 年降到一个比较低的数值，并承诺由中国政府出资，利用我们的技术，启动在发展中国家开展 10 个低碳示范区、100 个减缓和适应气候变化项目及 1 000 个应对气候变化培训名额的合作项目，继续支持发展中国家特别是最不发达国家、内陆发展中国家、小岛屿发展中国家应对气候变化的挑战。这说明，因为爱国，我们努力进行体制的改革、各种技术的创新，推动自己国家的发展，提高国民的生活水平，改善我们的生态环境，这不但减轻了世界的负担，还向世界贡献了资金和技术，为人类的发展做出了新的贡献。因此，在经济全球化时代，弘扬爱国主义和发扬新的国际主义是相辅相成的，并不是狭隘的民族主义。

综合以上的分析，我们可以理直气壮地说，经济全球化时代弘扬爱国主义是一种时尚，而且在我们可见的未来，弘扬爱国主义是不会过时的、是合时宜的。

如何理解增强国家意识是提高大学生素质的一项基本要求？

陈锡敏

目前，我国大学生面临很大的学习压力和就业压力，许多同学有很强的个人意识，很重视个人利益和个人前途，国家意识有所淡化。在谈到国家时，有些同学把国家与个人对立起来，似乎国家限制和阻碍了个人的发展，对国家持有一些负面的看法。面对这样的情形，请问大学生应该树立怎样的国家意识？该如何做呢？

行进在实现中华民族伟大复兴征程中的中国，正以世界第二大经济体的身份参与到全球治理当中，中国的举动不但关系到国人中国梦的实现，也对世界的稳定与发展产生着重要影响。作为生活在这样一个国度中的大学生，增强国家意识成为提高自身素质的一项基本要求。

第一，大学生应深刻认识国家意识的内涵。

国家意识通常是与个人意识、群体意识、团体意识、全球意识相区别的一种公共意识，是在国内处理国家与个人、团体的关系，国际上处理国家与国家、全球的关系中形成的认知。它一般指一国国民将自己视为国家的一分子，自觉站在国家立场进行思考、言行的意识，也是自觉维护国家利益、国家安全、国家形象等的意识。

国家意识首先是对国家作为一个政治共同体的认知。现代国家大多是由多民族构成的，建立了自己的政治经济制度，由政府在一定的疆域内行使管理权力、进行国际交往的实体。因此，国民应该认识到，国家是作为一个由领土、人口、政府、主权组成的政治体出现在国际社会、参与国际事务的，是在世界范围内为全体国民提供身份证明的载体和保证国民的安全与权益不受侵犯的根本力量。

国家意识也是对国家作为利益共同体的认知。国家不但以政治体的形式存在，而且有其自身的利益。国家利益属于集体利益，这种利益不但指国民从中所能获得的物质利益，也体现为国民因其在心理和精神上所能享受到的安全、稳定、和谐、自豪与尊严感。国民个人所能分享的利益和自由是以国家整体的发展为前提的，国民个人在世界上所获得的尊重必然与国家在国际上所处的地位有关。因此，国家不但是国民安身立命之所在，也是国民精神上有依托、心理上有归属的载体。

国家意识还是国民对国家作为命运共同体的认知。国家与国民的关系不只是利益关系。绝大多数的国民一生都无可选择地、作为公民生活在自己的国家，国家的存亡、发展与繁荣昌盛都与国民个人的生存发展联系在一起，个人与国家存在着一荣俱荣、一损俱损的天然关系。而国民要想获得其他任何国家的公民身份，并以此为据享受相应的权利福利、获得保护，都是有条件的、要受到种种限制的。

这三种共同体意识是总体上的国家意识，在现实生活中，国家意识表现为国民自觉维护国家利益、国家安全、国家形象的意识。维护国家的国防安全、政治安全、经济安全、文化安全、互联网安全、生态安全等，都与维护国家的主权、领土完整联系在一起，关系到国家生存、统一、发展的利益问题，影响到国家形象与国家尊严。维护国家利益、国家安全与国家形象之间是相辅相成不可分割的，其中维护国家利益是核心。

第二，大学生应认识到增强国家意识的重要意义。

当前，我国国民的国家意识有所弱化。这主要表现在两个方面：其一，经济的全球化、交通和通信的便捷，增加了人们在全球范围内行走、求学的自由度和择业的可能性，增强了人们的个体意识；面对人类共同的挑战，一些领域的全球治理势在必行，全球意识不断进入人们的头脑，这在一定程度上冲击着国家意识。其二，我国市场经济的发展、改革开放的推进，使人们对个人利益、企业利润感受深刻，相应的自我意识和局部意识有所增强，而集体意识、国家意识有所减弱。

在人们国家意识弱化的同时，我国却面临新的挑战，增强国家意识意义重大。

增强国家意识是我国应对外部挑战的前提。随着中国的崛起，“中国威胁论”“遏制中国论”“中国崩溃论”等此起彼伏，经济全球化中国家之间的竞争日益激烈。在这样的形势下，强大的国家意识可以增强我国的凝聚力，使国家能更好地应对来自国外的各种挑战与质疑。

增强国家意识是我国顺利进行国内建设的必要条件。改革也进入攻坚期和深水区，经济社会发展进入新常态，国家治理进入新阶段。国家在进行产业结构、经济形态、利益关系调整过程中，制定的一些政策可能会暂时触动一些行业、地区、部门的利益，出现国家利益与个人利益相冲突的情况。此时，强大的国家意识有利于人们更好地理解和支持国家制定的政策，使人们超越局部利益，摆脱短视的发展观，着眼国家大局和长远利益，易促成问题的解决。此外，在面对分裂势力和恐怖主义的挑衅时，国家意识可以增强民族团结、国家统一的信念，坚定国家制止一切分裂主义和恐怖主义行径的决心和意志，促使国家果断地采取行动而避免使问题复杂化、使局面失去控制，造成大的社会动荡。

国家意识对个人也具有积极影响。具有国家意识的人更易拥有远大的理想、宽广的胸怀、长远的眼光、强大的内驱力，更能迅速理解国家的大政方针政策，更能把握国家发展的机遇而促进个人事业的发展，更能正确看待国家存在的问题和发展的趋势，更能保证在工作和生活中少些抱怨、顶住诱惑、不做损害国家利益和国家形象的事，更易拥有良好的心态与心情，能更好地规划个人的生活与工作。

第三，大学生增强国家意识应避免陷入误区。

有些人认为，强调国家意识是搞大国沙文主义或是狭隘的民族主义。持这种错误观点的人，没有看到我国是和平共处五项原则的首倡者和一贯的践行者，在国际上从来不搞霸权主义。而合情合理合法地维护国家的正当利益是世界通行的做法。同样地，增强国家意识也并不意味着中国只重视自己的国家利益，而忽视了对人类和国际社会承担的责任。事实上，随着综合国力的上升，中国所承担的国际责任越来越大，对世界的稳定和发展发挥着越来越重要的作用。因此，增强国家意识既不是搞大国沙文主义，也不是狭隘的民族主义。

有些人认为，强调国家意识妨碍个人的自由与权益。这种偏见将国家权益与个人权益割裂、对立了起来。个人的自由与权益是在国家界限内的、由国家的发展水平和法律所决定的公民自由和权益，从来就没有超越国家的个人自由与权益。没有国家的安全与整体利益的保障，个人的自由与权益就是空中楼阁。强调国家意识是为了让国民在激烈的国际竞争中，在国家整体发展的过程中，能正确认识和处理好国家与国家、国家与个人的关系，以便更好地保障和促进个人自由与权益的发展。只有在个人利益与国家利益发生冲突、处于特殊的时期或情形之下，国家意识才主张国家利益优先于个人利益，这种主张也是为了全体国民将来能享受到更多的自由与权益，是世界上各个国家在遇到特殊情况时都实际遵循的原则。

第四，大学生应将增强国家意识与提高个人素质结合起来。

增强国家意识应该与大学生的学习和生活联系起来，这需要从以下几点入手：

大学生应理性认识国家、认同国家。大学生要通过学习，了解国家发展的历史地理概况、文化特点、政治特征，清楚国家对人类所做出的贡献、现在与发达国家存在的差距、国家在世界上所处的地位和当前面临的挑战、国家的理想与奋斗目标，正确认识个人与国家的关系。这样有利于大学生形成国家认同、增强国家共同体的意识。

树立宪法权威，提高大学生的公民意识。公民是享受权利和承担义务的统一体。改革开放以来，我国国民的权利意识不断增强，一些人主张权利甚至到了不辨是非、不分场合、不讲方式的地步，严重侵犯了公共利益、扰乱了公共秩序。鉴于这种情况，我们应倡导大学生树立宪法权威意识，引导大学生遵守宪法，依法主张权利和参政议政，善尽公民义务，不做损害国家利益、国家统一、民族团结的事情，严守国家机密，维护国家安全，将国家意识与法律意识、公民意识统一起来。

提高大学生的社会责任意识。“天下兴亡，匹夫有责”，传统文化中的国家情怀作为一种国家意识应该继续发扬光大。在今天，无论是增强国家的竞争力、维护良好的国家形象，还是促进中华民族的统一、复兴，抑或建设富强民主文明和谐美丽的社会，都与每个人的努力和奋斗分不开。大学生应立足自己的社会角色，从点滴做起、从自我做起，将社会责任落到实处，为国家做出应有的贡献。

提高大学生的文明素养，维护好国家形象。国家形象是在历史与现实中，多方面因素共同作用的结果，但国民在其中的作用不可忽视。如今，走出国门的大学生越来越多，无论是去旅游、学习还是工作，每个人都是国家的一张名片，客观上成为外国人了解中国的一个窗口。全体大学生都应增强国家意识，应讲文明、遵守当地的法律与风俗习惯，以自身的良好修养和素质维护国家形象，不做玷污国家声誉的事情。

为什么改革创新精神是时代精神的核心?

白　洁

今天我们处于改革开放的新时代，怎样理解改革创新精神是时代精神的核心?

时代精神旨在解决所处时代亟须解决的历史课题，关系着整个社会的进步发展，承载着国家、民族和人民的希望。时代精神符合时代发展的潮流，具有积极引导作用，是推动社会发展进步的强大精神动力。

不同的时代造就不同的时代精神。在革命战争时代，中国人民体现出胸怀理想、不怕牺牲、勇往直前的时代精神；也正是在这种精神的指引下，中国共产党领导全国人民以崇高的理想信念、饱满的精神力量、不懈的奋斗意志，表现出对革命事业无比忠诚的精神风貌，在艰难困苦中夺取了一个个胜利。在社会主义建设初期，新中国百废待兴，需要自力更生、艰苦创业、奋发图强的时代精神；也正是在这种精神的激励下，全体人民在一穷二白的境况下，凭借双手改变贫穷落后的面貌，推动社会主义建设不断发展。那么，当今时代需要何种时代精神呢? 胡锦涛同志曾在美国耶鲁大学发表演讲，他在演讲中指出："现时代中国强调的以人为本、与时俱进、社会和谐、和平发展，既有着中华文明的深厚根基，又体现了时代发展的进步精神。"在今天改革开放的新时代，面临世情、国情和党情的变化，需要积极应对挑战，抓住发展机遇，不断推进中国特色社会主义事业的伟大实践，形成改革创新、开拓进取的时代精神。

所谓改革，是指改造和变革旧制度、旧事物。所谓创新，是指创造和产生新事物、新思路、新方法。改革与创新是紧密联系的整体，改革创新是互促互进的动态过程，改革创新是推动新事物战胜旧事物的强大动力。

1978 年党的十一届三中全会召开，开启了时代发展的崭新篇章，也掀起了改革创新的潮流。邓小平指出，"一个党，一个国家，一个民族，如果一切从本本出发，思想僵化，迷信盛行，那它就不能前进，它的生机就停止了，就要亡党亡国”，并把“解放思想，实事求是，一切从实际出发，理论联系实际”上升为党的思想路线，从而在什么是社会主义、怎样建设社会主义的问题上进行了富有改革创新精神的理论思考和实践探索，开辟了中国特色社会主义道路。党的十三届四中全会以来，以江泽民同志为核心的党的第三代中央领导集体发扬改革创新精神，对建设什么样的党、怎样建设党进行了深入思考，全面推进党的建设伟大工程。党的十六大以来，以胡锦涛同志为总书记的党中央继续秉承改革创新精神，提出了科学发展观、社会主义核心价值体系等重要理论，并贯彻落实于发展模式之中。党的十八大以来，以习近平同志为核心的党中央进一步深化改革创新精神，对实现中华民族伟大复兴的中国梦、推进“四个全面”战略布局、建设社会主义文化强国、加强党的建设进行了理论创新和实践探索。

伴随着改革开放的进程，改革创新成为时代最强音，改革创新精神也因此成为时代精神的核心。改革创新是这一时代最重要的理论发展与实践探索。改革开放的每一重大步伐，都离不开改革创新精神的指引和激励。要坚持改革开放的路线不动摇，就必须秉承改革创新精神。

改革创新精神应用于指导思想领域，就是以实事求是的态度科学地总结经验和教训，推进了马克思主义中国化理论创新，不断丰富中国共产党的思想理论宝库。中国共产党九十余年的发展历程，始终重视时代精神的作用。革命、建设和改革的过程，实际就是将时代精神不断挖掘、总结、培育和弘扬的过程。改革开放以来，时代精神也随之发生变化，而改革创新精神则成为其中最核心最突出的主题。以改革创新为核心的时代精神与马克思主义指导思想、中国特色社会主义共同理想、以爱国主义为核心的民族精神和社会主义荣辱观，共同构成了具有导向、凝聚、规范功能的社会主义核心价值体系。

改革创新精神应用于社会发展领域，就要关注“五大发展理念”中位居首位的创新理念。把创新摆在国家发展全局的核心位置，不断推进理论创新、制度创新、科技创新、文化创新等各方面创新，让创新贯穿党和国家一切工作，让创新在全社会蔚然成风。把发展基点放在创新上，形成促进创新的体制架构，塑造更多依靠创新驱动、更多发挥先发优势的引领型发展。培育发展新动力，优化劳动力、资本、土地、技术、管理等要素配置，激发创新创业活力，推动大众创业、万众创新，释放新需求，创造新供给，推动新技术、新产业、新业态蓬勃发展。拓展发展新空间，实施网络强国战略；深入实施创新驱动发展战略，发挥科技创新在全面创新中的引领作用；大力推进农业现代化，加快转变农业发展方式；构建产业新体系，加快建设制造强国；构建发展新体制，加快形成有利于创新发展的市场环境、产权制度、投融资体制、分配制度、人才培养引进使用机制；创新和完善宏观调控方式。

改革开放是党在新的时代条件下带领全国各族人民进行的新的伟大革命，是当代中国最鲜明的特色。因此，改革创新精神也毫无疑问成为时代精神的核心，统领着时代精神的其他内容。以改革创新为核心的时代精神，既是这一时代中国鲜明的重要标志，也是未来中国不断发展的根本动力。弘扬以改革创新为核心的时代精神，既是推进中国特色社会主义事业建设的需要，也是促进人的自由全面发展的需要，更是实现中华民族伟大复兴的需要。

中国精神在现代社会的展现与影响如何?

袁和静

北京时间 2016 年 8 月 21 日，里约奥运会女排决赛中，中国女排 3∶1 战胜塞尔维亚，时隔 12 年再度夺冠，历史上第三次获得奥运会女排金牌。消息传出，举国振奋，欢呼雀跃，“女排精神”感动着每一个中国人。是什么精神支撑着女排姑娘们？为什么 35 年来这种精神始终屹立不倒？这种精神不仅影响了她们自己，还影响了几代国人。女排精神是否可以深刻诠释与展现中国精神的实质呢？

什么是中国精神？中国精神的内涵主要包括以爱国主义为核心的民族精神和以改革创新为核心的时代精神。我们为什么要提出中国精神？因为明确中国精神可以识别民族身份、激发创造力量、凝聚社会道德、构筑民族信仰。中国精神作为兴国与强国之魂深刻影响着国家的健康发展，也渗透在每一位中国人的血液之中，影响着我们的思想和行动。这些都是一个国家不可缺少的精神要素与动力支持。罗素曾说过：“中国与其说是一个政治实体，还不如说是一个文明实体——一个唯一幸存至今的文明实体。孔子以来，埃及、巴比伦、波斯、马其顿，包括罗马的帝国，都消亡了；但是中国以持续的进化生存下来了。它受到了外国的影响——最先是佛教，现在是西方的科学。但是佛教没有把中国人变成印度人，西方科学也不会将中国人变成欧洲人。”其原因在于中国精神的引领。

现代社会依然需要中国精神的价值引领与力量激发，凝聚力量，众志成城，展现我们的良好的中国风貌与中国品质。什么精神可以很好地展现中国精神？女排精神。

什么叫女排精神？这要回到 1981 年。当时中国女排姑娘们在主教练袁伟民的率领下，卧薪尝胆、发愤图强，第一次获得世界杯冠军，开创五连冠伟业，此后，中国女排不断努力，激荡风云，引领时代，影响了几代人。尽管中国女排经历过很多次的沉浮，从 1986 年到 2003 年，她们有 17 年时间与世界冠军无缘。但是她们没有气馁，而是坚持信念，执着理想，不服输，不言败，迎难而上。可以说，中国女排作为“拼搏”的象征，每一次夺冠，都是靠艰难拼搏取得的，中国女排表现出的“团结奋斗，顽强拼搏，艰苦创业，自强不息，无私奉献，勇攀高峰”的精神，其影响远远超出了体育范畴。30 多年来，女排精神总是与这个国家历史发展的节点相契合，女排顽强的拼搏精神最终汇聚成为一种民族的精神。2016 年，她们带着国人的寄托，重返世界之巅。很多时候，女排就代表中国，女排魂就是中国魂。

30 多年前，中国女排姑娘们励精图治，厚积薄发，首夺世界杯冠军，由此开创了五连冠的伟业。1981 年，中国女排以亚洲冠军的身份参加了在日本举行的第三届世界杯排球赛，经过了 7 轮 28 场激烈的争夺，中国队以 7 战全胜的成绩首次夺得世界杯冠军。随后，在 1982 年的秘鲁世锦赛上，中国女排再度夺冠。紧接着，在 1984 年的第 23 届奥运会上，中国女排实现了三连冠的梦想。中国女排并未就此止步，在 1985 年的第四届世界杯和 1986 年的第十届世界女排锦标赛上，中国女排连续两次夺冠。于是，从 1981 年到 1986 年，中国女排创下了世界排球史上第一个“五连冠”，写下了我国大球翻身的新篇章。当时的中国人真实地体会到一种从未有过的自豪感，全社会掀起了一股学习中国女排的热潮。从此，女排精神开始在国人中广泛传颂，根植在中国人内心深处，她们身上那股顽强拼搏的体育精神，写进了历史教科书，并影响了整整几代人。社会学家、中国社会科学院社会学研究所研究员王春光则指出：“改革开放早期阶段，国人猛地意识到与世界的差距，而变得有些失落和彷徨。因此在这一背景下，‘女排精神’广为传颂，其实就是在向国人和全世界庄严宣告中华民族崛起的信心和能力。”当时女排队员之一郎平，与美国名将弗罗拉·海曼、古巴名将米雷亚·路易斯并称为 20 世纪 80 年代世界女排“三大主攻手”。她曾经在自传《激情岁月》中说：“打球已经完全不是我们自己个人的事情，而是国家大事，我自己都不属于自己。女排是一面旗帜。女排的气势，振兴了一个时代，她是 80 年代的象征。”

然而，1988 年，中国女排在汉城（今首尔）惨败，从此进入低谷。1992 年巴塞罗那奥运会上，连续参加三届奥运会的巫丹被查出尿检呈阳性，更是让中国女排哭成一团。1994 年世锦赛仅列第八，亚运会也丢冠。在此压力下，1995 年初，郎平在女排处于比较困难的时期受邀执教中国女排。1995 年第六届女排世界杯获得季军，1996 年亚特兰大奥运会闯入决赛。此后的奥运会，中国女排经历了起起伏伏：悉尼奥运会止步八强，雅典奥运会问鼎，北京奥运会屈居第三名，伦敦奥运会第五名……2013 年，在中国女排队员新老交替，成绩处于低谷期时，郎平第二次挂帅，在不被看好的情况下，时隔十几年再夺亚军，给国人带来了惊喜。2015 年，郎平带领困境中的中国队出征日本，时隔十几年后，为中国女排赢得第八个世界冠军。带着世界杯的光环，中国女排来到里约，小组赛出师不利，先后输给荷兰、美国和塞尔维亚，以两胜三负的战绩勉强出线，之后与巴西队狭路相逢，并在生死之战中创造了奇迹，时隔 12 年之后重新赢得奥运会金牌。

中国精神包括以爱国主义为核心的民族精神和以改革创新为核心的时代精神。女排精神的创新性体现在哪里？正如习近平总书记所强调的：“创新是一个民族进步的灵魂，是一个国家兴旺发达的不竭源泉，也是中华民族最深沉的民族禀赋。在激烈的国际竞争中，惟创新者进，惟创新者强，惟创新者胜。”发展体育运动同样如此。

1995 年初，郎平受邀执教中国女排，她知道女排处于比较困难的时期，即便不能够带领女排姑娘取得成功，也要为中国女排的成功铺平道路。随后，郎平召集一大批队员开始冬训。在她的调教下，这些老将新兵的打球技能一点点改善、突进。两年后，郎平离开，在离开前，她率中国队在世界大赛上夺得两次亚军、一次季军。

2013 年接手女排后，郎平针对中国和世界女排的发展特点提出了“大国家队”的概念，每次集训总是有 20 多人，每个位置总是保持三到四个人在竞争。队伍扩大后，针对不同的比赛安排不同的阵容，承担不同的任务，不过分强调成绩。此外，新女排还扩大了教练队伍，引入了国际化的专业团队。这些都是对运动规律的把握和尊重。

手执女排的教鞭，郎平面对的是一支新老交替后千疮百孔的队伍。可是，这把不服输的“铁榔头”，硬是在很短的时间内让女排姑娘们重新凝聚成一个团结、高效而又充满战斗力的集体。处于高处不松懈、处于劣势不气馁的“女排精神”在赛场上一次次美丽绽放，这种在逆境中拼搏崛起的精神正是我们中华民族伟大精神风貌的体现。

女排精神不仅代表着中国精神，它的影响是广泛而深远的。中国女排的拼搏向上精神，早已深深刻在国人心中。她们在困难时没有放弃，在争议时没有迷失，在逆境中迎难而上，于绝境中激发潜能，创造活力，总能在陷入低谷后回归正途而崛起，用实力和汗水延续神话，很好地弘扬了体育精神。现代社会亟须弘扬以女排精神为代表的中国精神，以女排精神为自我价值引领与行动指南，激励自我实践，在各自的岗位上奋发有为，迎难而上，取得自己的突破与成绩。最后，用网络上的一段话作为自我激励：

你有良知，中国便不会沉沦；
你有尊严，中国便不会没有脊梁；
你找准了正确的方向，中国便不会后退。
你我的选择，决定中国的未来；
你我的未来，就是中国的希望。
无论中国怎样，请记得：
你所站立的地方，就是你的中国；
你怎么样，中国便怎么样；
你是什么，中国便是什么；
你有光明，中国便不黑暗。

如何理解中国精神是民族精神和时代精神的统一？

白　洁

2012年，为迎接党的十八大胜利召开，中国延安精神研究会和中央电视台军事节目中心共同制作推出12集大型纪录片《中国精神》。这是一部具有浓厚家国情怀的纪录片。总制片人程仲平介绍说："中国精神就是中华民族之魂，是五千年华夏文明的血脉流淌在中国人心中的生生不息的爱。中国精神是穿越血与火的洗礼，是中华民族实现伟大复兴的力量之源，我们制作这部纪录片的目的，就是要提升民族自豪感，为社会主义核心价值体系的建设添砖加瓦。"可以看出，中国精神既包含着以爱国主义为核心的民族精神，也包含着以改革创新为核心的时代精神，如何理解中国精神是二者的统一？

习近平同志在第十二届全国人民代表大会第一次会议闭幕会上指出："实现中国梦必须弘扬中国精神。这就是以爱国主义为核心的民族精神，以改革创新为核心的时代精神。"以爱国主义为核心的民族精神是凝聚中华儿女的根本力量，以改革创新为核心的时代精神是推动当代中国不断发展前进的强大动力，二者统一于中国精神之中。

爱国主义贯穿于中华民族历史长河，是中华民族始终团结一致、自强不息、不断延续发展的精神支柱。党的十六大报告指出："民族精神是一个民族赖以生存和发展的精神支撑。一个民族，没有振奋的精神和高尚的品格，不可能自立于世界民族之林。在五千多年的发展中，中华民族形成了以爱国主义为核心的团结统一、爱好和平、勤劳勇敢、自强不息的伟大民族精神。我们党领导人民在长期实践中不断结合时代和社会的发展要求，丰富着这个民族精神。"近代以来，中华民族饱经风霜，面临国破家亡的重大危机。中华儿女正是由于秉承爱国主义精神，才能满腔热血，前仆后继，众志成城地保家卫国。

时代精神是对所处时代历史课题的深刻回应，是促进时代发展和社会变革的精神动力。近代以来，中国经历了战火纷飞的革命年代，经历了艰苦卓绝的建设时期，现在正处于改革开放的新时代。不同的时代彰显着不同的时代精神。党的十一届三中全会开启了改革开放的新时代大幕。改革创新是这一时代的最强音，是促进当代中国不断开拓进取、攻坚克难的根本动力。

“对一个国家、一个民族、一个政党来说，牢固树立并始终保持积极向上的精神状态，是极端重要的。”① 中国精神以强大精神感召力为导向，激励中华儿女形成高尚的精神追求和坚实的精神支撑，坚守自己的精神家园，不断增强凝聚力和向心力，为取得新的胜利奠定精神基础。近代中国经历的革命、建设、改革，催生了许多促进中华儿女不断奋进的精神力量。这些精神力量都反映出民族精神与时代精神的内在统一。

回顾革命时期，种种精神力量都是以爱国主义为核心的民族精神与奋勇革命的时代精神的结合。大革命失败后，红军到达井冈山，建立了农村革命根据地，开创了符合中国实际情况的革命道路。中国共产党人以崇高的理想信念、不懈的奋斗意志，坚信中国具有光明的革命前途，以饱满的精神力量点燃了“工农武装割据”的星星之火，形成了“井冈山精神”。遵义会议之后，红军四渡赤水、巧渡金沙江、强渡大渡河、翻越夹金山、过草地、爬天险，经历二万五千里长征，最终到达陕北胜利会师，形成了可歌可泣的“长征精神”。胡锦涛同志评价“长征精神，是中国共产党人和人民军队革命风范的生动反映，是中华民族自强不息的民族品格的集中展示，是以爱国主义为核心的民族精神的最高体现”②。“长征精神”不但体现着民族精神，更体现出红军不怕牺牲、顽强革命的时代精神。

回顾建设时期，种种精神力量都是以爱国主义为核心的民族精神与艰苦创业的时代精神的结合。中华人民共和国成立初期，国家处于一穷二白、百废待兴的局面；全国人民团结一心，奋发图强，共同建设祖国。“农业学大寨”成为全国农业生产的一面旗帜。为了改变当地贫穷落后的面貌，在陈永贵、郭凤莲等共产党员的号召下，大寨群众开展了治山治水、垦荒种田的劳动，取得很大成效。在“大寨精神”的带领下，数以亿计的农民群众斗志高昂地投入农田水利建设，治理江河，修建水库水渠，保障农业增产增收。“工业学大庆”则成为全国工业生产的重要口号。为了摘掉中国“贫油国”的帽子，铁人王进喜率队到大庆参加石油大会战，带领石油工人发扬敬业奉

---

① 江泽民．江泽民文选：第3卷．北京：人民出版社，2006：198.

② 胡锦涛．在纪念红军长征胜利70周年大会上的讲话．北京：人民出版社，2006：5.

献精神，为大庆油田的生产建设做出了重要贡献。这些精神与雷锋精神、红旗渠精神、焦裕禄精神等伟大精神一起，成为激励亿万人民建设社会主义的强大精神力量。

改革开放以来，中国精神仍然体现出民族精神与时代精神的结合。这一时期涌现出了许许多多的英雄人物和模范党员。他们之中的许多人，并未担任多么重要的职位，却在平凡的岗位上做出了不平凡的工作；也有许多人，发挥出党员干部的重要作用，带领当地群众走上勤劳致富的道路。孔繁森积极响应国家赴藏工作的号召，先后两次赴西藏工作，后又担任阿里地委书记，在茫茫雪域上到处考察，为阿里地区的发展付出了所有的心血。在一次考察回程途中，不幸发生车祸，以身殉职。在他的葬礼上，“一尘不染，两袖清风，视名利安危淡似狮泉河水；二离桑梓，独恋雪域，置民族团结重如冈底斯山”的挽联深切地表达了藏族人民对这位好书记的敬佩与怀念。杨善洲曾担任云南保山地委书记，大部分时间在乡下田间考察基层情况，了解农民疾苦；退休后，他又主动放弃了在省城安享晚年的机会，扎根山区，在大亮山义务植树造林，一干就是22年，他带领群众修公路、架电线，改善了当地恶劣的自然环境和生存条件，深受当地人民群众的爱戴。从他们身上，可以看出共产党员一心为民、无私奉献、克己奉公、清正廉洁的精神。从1998年的洪水灾害、2003年的“非典”疫情，到2008年的汶川地震、2010年的玉树地震，再到2013年的雅安地震，全国人民发扬出万众一心、同舟共济的精神，为灾区捐款捐物，贡献力量。正因为有全党全国的同心协力，灾区人民才能尽快走出灾难阴霾，恢复正常生活。这也是民族精神与时代精神的和谐统一。

在中国不断发展前进的过程中，中国精神始终是强大的精神力量。中国曾面临种种考验和危险，正是凭着强大的精神力量、精神状态、精神斗志积极应对，才战胜了各种各样的考验和危险。在新形势下，中国仍然面临各种机遇和挑战，中国精神也必将发挥更重要的作用。因此，中国精神是民族精神和时代精神的统一，与民族心灵共颤，与伟大时代共鸣。

第四章

践行社会主义核心价值观

社会主义核心价值观 12 个词的基本内涵是什么？社会主义核心价值观中的自由、平等、公正与西方话语体系中的自由、平等、公正有哪些不同？

张　智

党的十八大明确提出培育和践行社会主义核心价值观的根本任务，强调倡导富强、民主、文明、和谐，倡导自由、平等、公正、法治，倡导爱国、敬业、诚信、友善。我们倡导的 12 个价值观念的基本含义是什么？其中的“自由、平等、公正”也是西方社会倡导的价值理念，它们之间有区别吗？区别是什么？

人生需要信仰驱动，社会需要共识引领，国家需要价值导航。党的十八大提出：“倡导富强、民主、文明、和谐，倡导自由、平等、公正、法治，倡导爱国、敬业、诚信、友善，积极培育和践行社会主义核心价值观。”这 24 个字的社会主义核心价值观，勾画的正是人生奋斗的梦想之舵、中华民族的精神之钙、当代中国的兴国之魂。其中，富强、民主、文明、和谐是国家层面的价值目标，自由、平等、公正、法治是社会层面的价值取向，爱国、敬业、诚信、友善是公民层面的价值要求。这个概括，实际上回答了我们要建设什么样的国家、建设什么样的社会、培育什么样的公民的重大问题。

富强好比国之脊梁，挺起国家的腰杆，护卫民众的福祉。旧中国积贫积弱，备受列强欺凌，实现国家富强和人民富裕，成为近代以来中华儿女最强烈、最执着的愿望追求。我们倡导的富强，是人民共同富裕和国家繁荣强盛的有机统一，是和平发展与共享共赢的崭新模式。“贫穷不是社会主义”“两极分化也不是社会主义”，社会主义的优越性不仅体现在最终能够创造比资本主义更发达的生产力，更体现在让发展成果更多更公平地惠及全体人民。“中国现在不称霸，将来强盛起来也永远不称霸。”我们追求的富强，不崇尚弱肉强食的丛林法则，不认同“国强必霸”的陈旧逻辑，而是希望与世界各国和睦相处、和谐发展，共谋和平、共享和平。

民主如同国之经络，疏通国家的肌体，协调政治的机能。作为一种政治实践、价值理念，人民民主是社会主义的生命，没有民主就没有社会主义，就没有社会主义现代化。我们倡导的民主，是真实的民主，没有门槛，不受财产、地位、民族、性别、宗教等因素限制，使每个人都享有平等的政治权利；是广泛的民主，绝不以牺牲多数人利益为代价来保护少数人的利益，同时又尊重和照顾少数人，充分反映和协调各方面的意愿和利益；是高效的民主，既真切全面地反映人民意愿，又致力于尽快形成统一意志、统一行动，以解决实际问题；是丰富的民主，不仅有选举民主，还有协商民主、基层民主，保证人民依法实行民主选举、民主决策、民主管理、民主监督。

文明就像国之大厦，凝结民族的追求，铸就国家的强盛。“观乎人文，以化成天下”，正是薪火相传的文明火种，孕育了泱泱中华五千年文明。“国家是文明社会的概括”，文明折射国家发展的境界、社会进步的状态。我们倡导的文明，是以道路选择、理论指引、制度建构为主要内容，追求全方位的发展与进步。坚持以人为本的核心理念，让物质文明、政治文明、精神文明、生态文明和制度文明有机统一；坚持开放包容的创新姿态，将古今中外一切优秀文明成果兼收并蓄。既不推崇“西方文明至上论”，也不搞“文化复古主义”；既不妄自尊大，也不妄自菲薄。

和谐好比国之气血，为社会补给能量，给国家增强活力。天人合一、协和万邦、和而不同，和谐蕴含了中国人的生存智慧，体现着中国人的精神基因，也昭示着中国人的社会理想。我们倡导的和谐，是人与人、人与社会、人与自然的有机统一。和谐的中国，是民主与法治相统一、公平与效率相统一、活力与秩序相统一、人与自然相统一的社会主义国家。和谐的中国，秉持世界持久和平的理想，心系人类共同繁荣的命运，担当永续发展的历史责任。

自由是社会活力之源，也是社会主义的价值理想。人的自由全面发展，是社会主义区别于其他社会形态的本质属性。我们倡导的自由，不是少数人的、形式上的、虚伪的自由，而是绝大多数人的、实质上的、真实的自由；不是凌驾于社会利益之上的、绝对的个人自由，而是受到法律和规范制约、权利和义务对等的自由；不是超越发展阶段和现实承受能力的自由，而是与一定的经济社会发展条件相适应的自由。社会主义的自由，不只是追求物质生活的改善，更重要的是保证人民充分享有发展自我、实现自我的机会，使每个人都能人生出彩、梦想成真。

平等是社会和谐稳定的压舱石，它标注了调整社会关系的基本尺度。“王侯将相，宁有种乎？”在中国这样一个曾经有过几千年封建专制制度的社会，对平等的渴望和呼唤，是人心深处最为激越的力量。我们倡导的平等，是兼顾效率与公平的平等，不是“不患寡而患不均”的绝对平均主义；是实实在在的平等，不是形式上的平等。我们倡导的平等，是要让人人都能公平行使社会权利、履行社会义务、分享社会成果，政治上平等参与、经济上共同富裕、文化上共建共享，同祖国和时代一起成长进步。

公正是捍卫权利的天平，它是衡量社会发展的价值准绳。古往今来，人类追求的幸福生活，只能建立在公平正义的基础之上。社会主义正是在资本主义不公正的废墟上诞生的，公正作为社会主义社会的内在要求，集中体现着社会主义的制度优越性和道义感召力。我们倡导的公正，不只是强调机会平等和程序正义的公正，而是兼顾结果正义，体现在社会生活各个领域、各个层次、各个方面的公正。社会主义社会的各项制度安排，是要将最广大人民的根本利益作为出发点和落脚点，在社会发展过程中尽最大努力实现人民的愿望、满足人民的需要、维护人民的根本利益。

法治是社会保障之盾，也是现代政治文明的核心。只有当法治成为治国理政的基本方式，自由、平等、公正才会有安全的避风港。我们倡导的法治，不是片面强调司法独立、推行三权分立，更不是对资本主义法治理念的照抄照搬，而是立足中国的社会现实和文化传统，坚持党的领导、人民当家作主、依法治国的有机统一。社会主义法治，不是广场上的雕塑、橱窗里的花瓶，而是运用人民赋予的权力，体现人民意志、保护人民权益，让法治成为国家长治久安、社会安定有序、人民安居乐业的坚强柱石。

爱国是民族精神的核心，它建立起公民与祖国最牢固的情感纽带。“谁不属于自己的祖国，那么他也就不属于人类。”中华民族有着深厚的爱国主义传统。对祖国的忠诚和热爱，是每一个公民的起码道德，也是中华民族最深沉的文化基因。我们倡导的爱国，就是把个人价值的实现同推动国家的繁荣发展对接，把人生意义的提升同增进最广大人民的福祉相连，不断加深对祖国悠久历史、灿烂文化的认同，不断增强做中国人的骨气和底气；就是让个人梦想与国家梦想紧密结合，把我们的国家建设好，把我们的民族发展好。

敬业是职业道德的灵魂，它为个人安身立命奠定基础，为社会发展进步注入活力。正是依靠敬业奉献，中华民族创造了灿烂的文明。敬业乐业的民族，必定是令人肃然起敬的民族；缺乏敬业精神的社会，难免被人诟病和轻视。我们倡导的敬业，就是要增强事业心和责任感，追求崇高的职业理想，激发积极进取的奋斗热情，秉持认真负责的职业态度，锻造严谨细致的工作作风；就是要让敬业成为实现梦想的动力之源，以那么一股子干劲、拼劲、闯劲，续写中国奇迹，靠辛勤劳动、诚实劳动、创造性劳动，开创美好未来。

诚信是公民道德的基石，既是做人做事的道德底线，也是社会运行的基本条件。现代社会不仅是物质丰裕的社会，也应是诚信有序的社会；市场经济不仅是法治经济，更应是信用经济。“人而无信，不知其可也。”失去诚信，个人就会失去立身之本，社会就会偏离运行之轨。我们倡导的诚信，就是要以诚待人、以信取人，说老实话、办老实事、做老实人。激发真诚的人格力量，以个人的遵信守诺，构建言行一致、诚信有序的社会；激活宝贵的无形资产，以良好的信用关系，营造“守信光荣、失信可耻”的风尚，增强社会的凝聚力和向心力。

友善，是公民德行的阳光，它为人际关系注入正能量，为社会和谐提供润滑剂。现代社会与传统社会的显著区别，就是人与人的交往突破了血缘地域的限制，构建起一个“陌生人社会”。在这样的社会里，“人人为我、我为人人”的亲善、互助、友爱变得尤为珍贵。我们倡导的友善，是爱心的外化，是与人为善、与物为善。善待亲人以构建和谐家庭关系，善待他人以构建和谐人际关系，善待万物以形成和谐自然生态。“己所不欲，勿施于人”，“四海之内皆兄弟”，广聚爱心，乐善好施，让世界充满爱，是友善的理想境界。

“富强、民主、文明、和谐，自由、平等、公正、法治，爱国、敬业、诚信、友善”，把涉及国家、社会、公民的价值要求融为一体，成为我们时代价值的最大公约数。

一个民族、一个国家的核心价值观必须同这个民族、这个国家的历史文化相契合，同这个民族、这个国家的人民正在进行的奋斗相结合，同这个民族、这个国家需要解决的时代问题相适应。习近平总书记指出：“我们提出的社会主义核心价值观，把涉及国家、社会、公民的价值要求融为一体，既体现了社会主义本质要求，继承了中华优秀传统文化，也吸收了世界文明有益成果，体现了时代精神。富强、民主、文明、和谐，自由、平等、公正、法治，爱国、敬业、诚信、友善，传承着中国优秀传统文化的基因，寄托着近代以来中国人民上下求索、历经千辛万苦确立的理想和信念，也承载着我们每个人的美好愿景。”作为社会主义核心价值观的“富强、民主、文明、和谐，自由、平等、公正、法治，爱国、敬业、诚信、友善”，是与中华民族、中华文明、中国实际、中国问题密切关联的。同理，西方社会的价值理念也是西方国家社会存在的反映，只能反映西方资本主义社会的意识形态和价值追求。

现代社会自由、平等、公正的价值理念的确发端于14世纪到16世纪欧洲以“人的发现”为特征，强调人、人的尊严和人生价值的人文主义运动。但是，自由、平等、公正的价值理念本质上是人类社会和人类文明发展的产物，可以由不同的社会形态所共享，并由不同社会形态来充实和实现。资本主义的自由、平等、公正的价值观如同资本主义制度一样，绝不是人类社会的价值“终结者”，而是一个处于过渡时期的“过渡者”。自由、平等、公正作为人类恒久追求的意义和价值，在人类全部历史中存在并且在“世界历史中生成”。社会主义的自由、平等、公正的价值观依赖于历史运动本身创造的现实基础。当前，认为我们的价值观与西方社会价值观无异的观点，实际上企图诱骗我们陷入西方资本主义宣扬的以“自由、平等、民主、人权”为核心的“普世价值”的陷阱。作为社会主义价值理念的忠实奉行者和践行者，我们应拂去岁月的浮尘，荡涤人为的污秽，坚持和发展中国特色社会主义，不断扎实社会主义价值的现实基础，不断赋予自由、平等、公正等价值观念更加真实和丰富的内涵，彻底打破资本主义对自由、平等、公正等价值理念的话语霸权和话语垄断，让自由、平等、公正等价值在人类进步旗帜——社会主义事业上闪耀光辉、指引发展。

为什么要提出“社会主义核心价值观”这一重大命题？青年学生如何培育、弘扬和践行社会主义核心价值观？

张　智

古人说：“大学之道，在明明德，在亲民，在止于至善。”在我们的时代，既有郭明义的浓浓爱心，也有炫富女的空空灵魂；既有支教毕业生扎根基层的奉献精神，也有大学生“宁在宝马里哭，不在自行车上笑”的价值错乱。对于青年学生而言，培育和践行社会主义核心价值观到底有什么意义？青年学生该如何培育、弘扬和践行社会主义核心价值观？

青年学生是建设祖国的生力军，是未来事业的接班人。广大青年学生培育和践行社会主义核心价值观，对于彰显价值观“最大公约数”、在全国各族人民中统一思想、凝聚力量，对于党和国家事业长远发展具有重大而深远的意义。

这是广泛汇聚实现中国梦的青春力量的现实需要。习近平总书记指出，实现中国梦，需要依靠青年，也能成就青年。圆梦要靠奋斗，而奋斗需要价值观指引。回顾历史，为了实现中华民族伟大复兴这个近代以来中国人民最伟大的梦想，党领导人民用伟大的中国道路、中国精神、中国力量，不断改变着国家、民族和人民的面貌，取得了举世瞩目的成就。中国道路、中国精神、中国力量背后最深层、最持久的支撑，就是在民族复兴征程中不断探索、丰富和形成的富强民主文明和谐、自由平等公正法治、爱国敬业诚信友善等价值追求。今天，我们距离实现中国梦的目标越来越近，但前进的道路上依然充满各种困难、风险和挑战。广大青年学生只有与全国各族人民一道，始终不渝地坚持和弘扬这些价值追求，咬定青山不放松地奋斗，才能为实现“两个一百年”奋斗目标注入强大青春力量。

这是固本兴魂、确保党和国家事业后继有人的现实需要。习近平总书记强调：“一个民族、一个国家的核心价值观必须同这个民族、这个国家的历史文化相契合，同这个民族、这个国家的人民正在进行的奋斗相结合，同这个民族、这个国家需要解决的时代问题相适应。”在当代中国建设和发展进程中，悠久深厚的中华优秀传统文化、党和人民在长期奋斗中开创的革命传统文化、改革开放过程中吸收的世界文明有益成果交汇融合，结晶形成了社会主义核心价值观。今天我们在青年学生中培育和践行社会主义核心价值观，就是让广大青年学生增强文化自觉和文化自信，在内核上、精髓上和本质上传承中华优秀传统文化、传承社会主义先进文化，就是在培育壮大我们的国魂和民族魂，促进我们党和国家事业薪火相传、兴旺发达。

这是促进当代青年学生健康成长的现实需要。习近平总书记强调，“青年的价值取向决定了未来整个社会的价值取向”，告诫青少年“人生的扣子从一开始就要扣好”。青年是人生价值观形成的关键时期，只有抓小抓早，才能让社会主义核心价值观在广大青少年心中生根发芽，并茁壮成长为参天大树。尤其是在复杂多变的社会环境影响青少年成长、国内外各种势力都在力图同我们争夺青年一代的背景下，唯有通过全社会培育和弘扬社会主义核心价值观的协同行动，才能帮助青少年增强精神力量、提高思想“免疫力”，按照国家和社会发展的需求健康成长。

青年学生培育、弘扬和践行社会主义核心价值观，就要在勤学、修德、明辨、笃实上下功夫。这四点策略路径，符合价值观培育规律，符合青年学生特点和成长规律，也揭示了培育和践行社会主义核心价值观的科学途径。

要引导青年学生把“勤学”作为生活习惯，夯实培育和践行社会主义核心价值观的知识根基。习近平总书记指出，“知识是树立核心价值观的重要基础”，强调青年要“注重把所学知识内化于心，形成自己的见解”。社会主义核心价值观是优秀文化成果的结晶，对科学理论和文化知识的学习了解越多越深，就越是能够把握社会主义核心价值观的精髓。在工作生活节奏日益加快、社会心态比较浮躁的今天，有的青年学生忽视读书学习，热衷于网络时代的“快阅读、浅阅读、碎片化阅读”。面对这些状况，要着力引导青年学生把静下心来读书作为一种精神追求和生活方式，让书籍成为他们成长进步的伴侣；要着力引导青年学生爱读书、会读书、读好书、读经典，用各方面知识精华充实头脑、丰富心灵、强化精神脊梁；尤其要引导青年学生深入学习党的科学理论和党史国史，积极学习中华优秀传统文化，以增强文化自信为基础，进一步增强道路自信、理论自信、制度自信。

要引导青年学生把“修德”作为自觉追求，打牢培育和践行社会主义核心价值观的品格基础。习近平总书记指出，“做人做事第一位的是崇德修身”，“一个人只有明大德、守公德、严私德，其才方能用得其所”。青年学生正处于人生起步、迈向社会的重要阶段，在这个阶段让他们懂得做人做事的基本道理，学会正确看待个人与他人、集体、社会、国家的关系，对于他们走好一生的路至关重要，对于在全社会培育和践行社会主义核心价值观也十分重要。在改革开放和市场经济大环境下，有的青年学生“仰望星空”的理想追求少了，过分注重物质利益的“埋头走路”多了；有的青年学生受社会不良风气影响，在追求个人成才成功的同时忽略了品德修养。我们要强化道德教育，引导青年学生把正确的道德认知、自觉的道德养成、积极的道德实践紧密结合起来，做好修德这堂人生的“大功课”。首先要努力让青年学生心中有大德，坚定把个人奋斗融入实现中国梦进程的志向，写好人生的“大我”；其次还要努力让青年学生修好公德、私德，在日常工作学习生活中处处体现公德遵守、美德传承、品德修养，写好人生的“小我”。

要引导青年学生把“明辨”作为人生智慧，坚定培育和践行社会主义核心价值观的成长方向。习近平总书记指出，“是非明，方向清，路子正，人们付出的辛劳才能结出果实”，要求青年在各种纷繁复杂的社会现象、思潮以及各方面的人生考量面前“学会思考、善于分析、正确抉择，做到稳重自持、从容自信、坚定自励”。培育和践行社会主义核心价值观，是一个在思想价值观念多元多样多变中明方向、立主导、强共识的过程。一段时间以来，拜金主义、利己主义、享乐主义思想在一些人头脑中颇有市场，鱼龙混杂的网络舆论和网络信息让不少人迷失方向，一些失范、失序的社会现象让人们无所适从，这些都对青年学生的思想和行为产生了不可忽视的影响。我们要着力引导青年学生认清国家和社会发展大势，不为形形色色的思潮所惑，始终坚定理想信念、正确把握人生成长的根本方向。引导青年学生树立积极健康的人生态度，认清是非、正误、主次，在各种社会现象和诱惑面前，保持清醒头脑，坚守人生底线，追求真善美、抵制假恶丑。

要引导青年学生把“笃实”作为人生信条，强化培育和践行社会主义核心价值观的行动自觉。习近平总书记指出，“青年有着大好机遇，关键是要迈稳步子、夯实根基、久久为功”，特别告诫青年不能“心浮气躁，朝三暮四”，而要“坚韧不拔、百折不挠”。培育和践行社会主义核心价值观，归根结底是一个实践问题，必须落实到现实行动上来。青年学生有抱负、有冲劲，心气往往比较高，我们要引导青年在“实干”“韧劲”两个方面下功夫，立足实际，埋头苦干，勤奋耕耘，在一点一滴的知识积累、本领长进中施展才华、实现梦想。要引导青年牢记“勿以善小而不为，勿以恶小而为之”的道理，从自己做起、从身边做起，努力做有社会责任感、有爱心的好青年。要引导青年学生养成恒心、增强毅力，不浮躁、不气馁，在不懈奋斗中向着人生理想一步步迈进。

世界上有“普世价值”吗？如何认识“普世价值”思潮？

张苗苗

有人认为，有些价值是超越时空，跨越地域，不分国家、民族和阶级，为人类所共同接受、奉行和追求的，西方国家倡导的民主、自由、平等、人权等，就应是人类共同追求的价值观，怎么能否定呢？谁否定“普世价值”，谁就是站在民主、自由、平等、人权的对立面。世界上真的有“普世价值”吗？又该如何认识“普世价值”思潮呢？

顾名思义，所谓“普世价值”，就是指不分时空与地域，不分国家、民族和阶级，对任何社会形态、任何人都适用的价值。

从哲学的角度来说，世界上没有“普世价值”，因为只有普遍性而无特殊性，只有绝对性而无相对性，能够超越时空，跨越地域，不分国家、民族和阶级，具有永恒性的价值是不存在的。从横向来说，人与人之间会因不同的国家、种族而有所不同，同一国家的人也会因民族、地域、家庭环境、成长经历、教育背景等而有所差异，价值观就更是因人而异。世界上没有两片完全相同的树叶，即使在相同的阳光土壤中，同一棵树的叶子都不尽相同，更何况是人。世界上可能存在某种价值，适用于个别人、少数人甚至是多数人，但是，具有绝对的普遍适用性的价值是不存在的。从纵向来说，历史是变化发展的，不同的社会形态，甚至是同一社会在不同的时代，所倡导和奉行的价值都各不相同。世界上可能存在某种价值，可以适用于一时一地，但是，不以任何条件为转移的、超越时空的、永恒的价值是不存在的。正如周新城所指出的那样，这一价值，只要有一部分人不赞成，或只代表某一个阶级价值观念的共性，就不能被称为“普世价值”。

从人类发展史的角度来说，世界上也没有“普世价值”。价值和价值观与道德息息相关，尤其是进入阶级社会以来，价值与道德更是相互渗透，价值总是蕴含着一定的道德规范与道德追求，道德也总是承载着一定的价值选择与价值目标。价值与道德一样，不是从来就有的，而是历史性的范畴，也都具有阶级性。恩格斯曾尖锐地批判“永恒真理”和“永恒道德”，并指出：“我们驳斥一切想把任何道德教条当做永恒的、终极的、从此不变的道德规律强加给我们的企图，这种企图的借口是，道德的世界也有凌驾于历史和民族差别之上的不变的原则。相反地，我们断定，一切已往的道德论归根到底都是当时的社会经济状况的产物。而社会直到现在还是在阶级对立中运动的，所以道德始终是阶级的道德。”也就是说，我们不能超越历史与阶级去空谈道德与价值，任何道德与价值都是历史发展的产物，并随着历史的发展而变化。

否认“普世价值”并不等于否认价值共识。更进一步来说，世界上没有亘古不变的、适用于所用人的“普世价值”，但是，在一定的条件下、一定的范围内，价值共识是存在的。比如，“仁爱”“忠孝”“己所不欲，勿施于人”等等，这些价值原则在当代社会仍然适用。这里所说的是，这些基本价值仍然为当今大多数人所认可与接受，当然，这些价值都是有条件、有范围的，其内涵与意义都随着历史、时代、社会的发展而发生了变化。再比如，“富强”“民主”“自由”“平等”“公正”“法治”等最基本的价值，在不同的民族、不同的国家是可以达成共识的，是可以为全球绝大多数人所认同的，只是这些价值在不同条件下，尤其是在不同的制度那里，其内涵与实质会截然不同。因此，一方面，我们要承认、尊重并重视价值共识，尤其是在经济全球化的今天，更要遵循人类共同的价值原则与价值追求，促进国际的交流与合作。另一方面，我们要坚决抵制文化霸权，反对“历史终结论”，提倡兼容并蓄，允许并倡导价值的多元化与多样化。

可以说，是否存在“普世价值”，一直是很有争议性的一个问题，国内学界的“普世价值”之争由来已久。如果把这场争论置于历史的洪流中，放在“中西文化交锋”的宏大背景下加以考察，它也不过是几百年中西文化论争中的一幕。然而，“普世价值”思潮却不仅仅是一个理论问题，它实质上是一个政治问题，围绕着“普世价值”思潮而展开的论战，也并不是单纯的理论探讨或观点辩论，它实际上是关乎命运与存亡的意识形态之争、道路之争、制度之争。因此，要正确地认识“普世价值”思潮，就不能仅停留在理论层面，从学术的角度去分析；更要站在政治的立场上，从政治的高度去探究其产生与实质。

“普世价值”思潮，发端于 20 世纪 90 年代初的“全球化视域中的普世伦理问题”。2005 年 10 月，境内外敌对势力和自由派知识分子就以民主的所谓“普世价值”为理论武器，攻击我国的社会主义民主政治建设。“普世价值”思潮一经产生，就有着明确的政治意图，它以所谓的“自由、民主、平等、博爱”为主要内容，蛊惑了大批青年，阻碍了社会主义建设的进程。2013 年以来，一些敌对分子围绕着“党的十八大精神”大做文章，试图把“社会主义核心价值体系”冠以“普世价值”的头衔，妄图以此赋予“普世价值”合法性，以进一步推销西方价值，颠覆马克思主义的指导地位。

“普世价值”的实质是西方的价值，“普世价值”思潮所鼓吹的“自由、平等、人权”，不是在各个时代、各种社会形态下都永恒不变的价值，而是由资本主义生产关系所决定的，代表资产阶级利益、反映资本主义发展需要的价值，它并不是也无法代表绝大多数人的利益和愿望。“普世价值”的实质是霸权主义的价值，西方国家把“自由、平等、人权”奉为“普世价值”，是利用各国发展民主、保障人权的共同诉求，凭借其强大国力和话语权，进行价值输出、思想专制。所谓的“普世价值”，也不过是其文化霸权和强权政治的幌子罢了。“普世价值”的实质是反动的价值，“普世价值”思潮有鲜明的指向。在政治领域，它直指我国社会主义民主制度，迎合西方敌对势力和国内分裂势力；在意识形态领域，它攻击马克思主义指导思想与社会主义核心价值观；在经济领域，它为全盘私有化造势；在社会领域，它诋毁中国特色社会主义建设的成果。其实质是意图对中国进行“和平演变”，推动中国的政治体制掉入西方“民主化”的陷阱，以西方价值取代马克思主义，以资本主义制度取代社会主义制度。

当然，我们必须承认，西方的“自由、民主、平等、博爱”有积极的因素，在历史上也发挥过积极的作用。但我们不能因此就把其作为全人类的“普世价值”，或把其标榜为全世界都应无条件接受的最高价值。亨利·基辛格在《论中国》中指出：“美国自建国以来笃信自己的理想具有普世价值，声称自己有义务传播这些理想。这一信念常常成为美国的驱动力。”一些西方国家推行“普世价值”，其目的在于通过干涉他国内政，以西方价值观重塑世界面貌，以获取自身利益。“普世价值”的基本逻辑是，资本主义“民主、自由、平等、人权”是人类普遍追求的价值，而这些价值是建立在生产资料资本主义私有制基础上的，只有资本主义制度才能够保证这些价值追求的实现，资本主义是人类社会最美好的制度。事实上，一些西方国家长期存在种族歧视、劳资对立、贫富分化等现象，所谓的“民主”“平等”“人权”也不过是少数人的权利，与其宣称的“普世价值”相去甚远。2011 年 9 月

17日的“占领华尔街”运动，就是对所谓的“普世价值”的讽刺。因西方国家的霸权主义而导致的一些战争与灾难，更是对真正意义上的“平等”“自由”“民主”等价值的践踏，与人们的利益与愿望背道而驰。

在中西文化交流交锋日盛、意识形态领域斗争激烈的今天，我国的广大青年更要保持清醒的头脑，不要被人蛊惑迷信西方的价值，更不要妄自菲薄背叛自己的历史，而要坚决抵制“普世价值”这类错误思潮，正确地进行价值的甄别、判断与选择，坚持立场与原则，勇于担当，自觉去做社会主义核心价值观的践行者与社会主义事业的接班人，积极捍卫和守护社会主义建设事业的胜利果实，为切实推进道路自信、理论自信、制度自信、文化自信贡献自己的力量，为实现中华民族伟大复兴的中国梦而不懈奋斗。

为什么要反对历史虚无主义思潮？

温　静

网上有人说，我们被历史书欺骗了，黄继光、邱少云、董存瑞、雷锋等英雄事迹都是编造出来的，比如雷锋的照片是摆拍的，邱少云的事迹不符合生理学常识；而汪精卫不想无辜生命牺牲于战火，主张和日本进行和平谈判，是真正的爱国英雄。这是怎么回事呢？

网络上有一种思潮，它常常以“还原历史”“探求真相”“解密档案”等貌似公允的面目出现，甚至还打着“学术研究”的幌子反复强调你所熟知的历史是假的、历史书是错误的、历史真相被掩盖了等。在这股思潮的影响下，从中华民族到中国共产党，从英雄模范到领袖人物，从国际共产主义运动的历史到中国新民主主义革命和社会主义革命、建设、改革的历史，无不受到攻击和否定。这股思潮就是历史虚无主义。

历史虚无主义的一个重要表现就是丑化英雄。有的人选择性地裁剪历史，以现代价值标准评判革命战争年代的历史人物或事件。比如，强调狼牙山五壮士拔了群众的萝卜违反军纪，却无视他们与日军进行殊死搏斗、处于生死关头的特殊时空情境；指责潘冬子未成年便杀人太残暴，却不提土匪们烧杀抢掠、杀害他妈妈和众多乡亲百姓等诱因。一些人以侮辱性语言调侃、恶搞英雄，哗众取宠、博人眼球，迎合低级庸俗的恶趣味。更有甚者，捏造事实、歪曲历史，不遗余力污名化英雄。以“物理学”否定黄继光堵枪眼可能性的错误言论，已有许多军事专业分析予以批驳，亲眼见证黄继光壮举的战友们也表示，“英雄就是英雄，绝对不可以被抹黑”。关于以“生理学”否定邱少云事迹的错误言论，不仅有多位战争亲历者的讲述还原历史，更有当代军人现身说法进行反击。其实，他们的伟大之处，正是在于依靠理想信念和顽强意志做出了一般人难以做到的、超越人类极限的壮举。

为了抹黑雷锋这位在社会主义环境下成长起来的平凡英雄，摧毁影响了几代人的精神标杆，历史虚无主义者可谓无所不用其极，比如质疑雷锋买高档物品、编造姐弟恋等奇谈怪论、诋毁其日记和照片造假等。虽然这些谣言已被一一攻破，但仍有人信以为真。雷锋确实买过皮夹克和手表等时髦物件，这既符合他在参军之前收入较高的经济状况，也符合一个爱美爱生活的年轻人的个性特点。后来，为了响应国家勤俭节约的号召，雷锋将这些东西放入箱底。关于雷锋姐弟恋的传闻，当事人不仅公开否认她与雷锋谈恋爱，更是呼吁大众尊敬英雄、不要篡改历史。有人调侃说："雷锋做好事不留名，但都写在日记上。"那时候许多青年都喜欢写日记，就像现在每天发朋友圈和微博一样。喜欢文艺、爱好写诗写小说的雷锋，坚持记录生活点滴实在不足为奇。至于照片造假，官方早就公开说明：为了宣传先进事迹，许多照片系事后补拍，但均建立在真实事件的基础上，还原雷锋曾经做过的事。在视频技术和通信媒体不发达的年代，许多国家会为了获得更好的宣传效果补拍或摆拍照片。比如苏军把红旗插上德国国会大厦的照片是三日后补拍的，美军硫磺岛插旗照拍摄的是第二次插旗，美苏盟军易北河会师、麦克阿瑟将军部队在菲律宾登陆等反映重大历史时刻的照片也是事后拍摄的。因此，补拍或摆拍照片是那个时代具有普遍性的合理做法，并不影响雷锋事迹的真实性。

众口铄金，积毁销骨，以娱乐至死解构严肃，以恶毒之语亵渎英雄，不仅扰乱了正确的价值认知，更是对道德底线的挑战，令每一个具有正义感和社会良知的人痛心疾首。2015 年，新华社推出系列报道，通过寻访英雄的生前战友、朋友、亲属，提供确凿的证人、证言和证据，为英雄正名，还历史清白，引发了强烈的社会反响。许多人认为，成本低、追责难、处罚难等是丑化英雄现象长期存在的原因，必须追究信口开河者的法律责任。令人欣慰的是，在"狼牙山五壮士"的后人起诉洪某侵害名誉权和荣誉权的案件中，法院认为被告以言论自由为名开展的所谓"学术研究"，侵害了他人名誉、荣誉权益和社会公共利益，伤害了民族情感、历史记忆和民族精神，判决被告停止侵害、赔礼道歉、消除影响。希望这一案件能够警示那些抹黑英雄的人，历史不容篡改，崇高不容侵犯。

与丑化英雄相对应的另一种表现是美化反面人物，为反动历史人物翻案。一些人以人性论为由，刻意突出反面人物对父母、妻儿、亲朋好友的真挚感情，以及他们不抽不嫖不赌不贪等生活习惯，以个人私德掩盖社会公德，淡化和开脱他们的历史罪行。另一些人则直接颠倒事实，解构并重构一种满足自身需要的历史。他们将主张坚决抵抗的人说成目光短浅、不负责任的好战分子，把主张妥协投降的人描绘成救国救民、实事求是的英雄，汪精卫就摇身一变成为真正爱国的人了。众所周知，评价历史人物的基本要求是不能只看一时一事，应当全面考察其生平。我们不否认汪精卫曾经是革命者，但他变节投敌甘当傀儡的行为，分化了抗战力量，削弱了抗战信心，严重打击了中国人民的抗战事业，在国内外造成极为恶劣的影响。“曲线救国”不过是他实现个人权力野心的挡箭牌罢了。一位学者指出：“这种鼓噪的目的，只是想说中国革命的对象都是些‘好人’，并以此来否定当年的革命战争和建立新中国的合理性。这根本就不是追求史学‘公正’，而是一种政治斗争手段。”

历史虚无主义思潮无论以何种方式表现出来，都离不开复杂的国际国内背景。从国际上看，随着东欧剧变和苏联解体的相继发生，世界范围内的社会主义运动陷入低潮。资本主义国家继续坚持冷战思维和“西化”“分化”图谋，极力宣扬社会主义“失败论”、马克思主义“过时论”。西方学者也以唯心主义历史哲学为基础强调人的理性和自由，否认历史客观性，反对辩证唯物主义和历史唯物主义。在他们的影响下，一些人认为中国走社会主义道路从一开始就是个错误，社会主义革命是不应该发生的，马克思主义是无用的。因此，他们对中国历史采取了否定和攻击等虚无态度。从国内来看，改革开放触动了利益格局，尤其是改革已经进入攻坚期和深水区，既得利益者的反弹将更为突出地表现出来。同时，贫富差距、贪污腐败等现象加剧了社会矛盾，让老百姓对改革阵痛的感受更加深刻。他们的不满情绪在一些别有用心者的蓄意夸大和长期鼓噪下，逐步演变成怀疑历史、不信任主流价值等虚无倾向。

龚自珍说：“灭人之国，必先去其史。”历史虚无主义的危害不容小觑。第一，解构主流价值，消解民族精神。为什么要向英雄泼脏水，尤其是向官方曾经大力宣传的榜样人物开刀？因为英雄为国家和民族的进步做出了巨大贡献，在历史发展中具有突出作用，既是民族精神的象征，也是主流价值观的集中体现。郁达夫说：“一个没有英雄的民族是可悲的民族，而一个拥有英雄而不知道爱戴他、拥护他的民族则是无可救药的。”诋毁英雄的目的在于颠倒社会是非、美丑、荣辱的判断标准，宣扬“拒绝理想认清现实”“躲避崇高甘于堕落”等自私自利、消极悲观、庸俗灰暗的思想，影响广大民众尤其是青少年的精神面貌和价值取向。

第二，否定马克思主义理论、社会主义道路及中国共产党的执政合法性，造成思想混乱，动摇理想信念。历史虚无主义不仅是虚无历史，更是通过各种手段表达现实诉求，具有明显的政治性。比如，有些人片面夸大国民党在抗日战争中的作用，抛出“抗日战争是国民党打的”“蒋介石是真正的民族英雄”等观点，否认中国共产党领导敌后抗战的基本史实。中国共产党在抗战中的中流砥柱地位不容置疑，正如燕京大学的英国教授林迈可所说：“根本没有外界援助的条件下进行的中共领导的抗日战争，应该被称作当代最有战斗力和抵抗力的胜利战争。”还有一些人无视中国经济总量排名世界第二的事实，夸大党和国家的工作失误，渲染个别人的所谓受害细节和痛苦感受，抨击“社会主义没有人性”，甚至编造出“‘大跃进’饿死几千万人”的谣言，妄图抨击中国共产党不懂经济、没有国家治理能力，消解人们对社会主义的信仰和信心，削弱国家和民族的凝聚力。新中国成立以来的辉煌成就令世界惊叹，中国共产党的执政能力和领导水平有目共睹。

第三，形成国内外敌对势力遥相呼应的局面，助长反华反共势力的嚣张气焰，是西方“和平演变”的政治手段。前事不忘，后事之师，苏联解体就是从否定历史开始的。在所谓的“新思维”指导下，“革命不如改良”“苏联不如沙俄”“社会主义不如资本主义”等舆论大行其道，意识形态领域一片混乱，成为社会主义大厦坍塌的催化剂。东欧剧变、苏联解体后，西方国家故伎重施，企图借助历史虚无主义否定社会主义，倾销资产阶级价值观和社会制度。比如宣扬“近代对中国发动的战争不是侵略，而是帮助中国进入现代化”，美化侵略战争、称颂殖民道路，在社会上造成了极大的负面影响。忘记历史就意味着背叛，中国近代史既是一部中华民族遭受帝国主义侵略的屈辱史，也是一部中国人民救亡图存、勇敢奋斗的爱国主义史诗。

习近平同志曾说：“黑的就是黑的，说一万遍也不可能变成白的；白的就是白的，说一万遍也不可能变成黑的。一切颠倒黑白的做法，最后都只能是自欺欺人。”广大民众尤其是青少年要警惕历史虚无主义的陷阱，正确认识和对待历史，不能数典忘祖、妄自菲薄。面对既无敬畏之心也无求真向善之意的历史虚无主义者，我们要勇于亮剑、敢于发声，旗帜鲜明地反对错误思潮，捍卫历史的真相与尊严。

价值观在人的精神世界中具有什么样的地位与作用?

张苗苗

当代社会，相对于物质世界的丰富与充盈，精神世界呈现出一定意义上的空虚与失落。我们从小就被告知：要树立正确的世界观、人生观和价值观，价值观在我们的生活中似乎无处不在。然而，价值观究竟指的是什么？它在我们的精神世界中究竟具有什么样的地位与作用呢？

简单来说，所谓价值观，就是指人们关于什么是价值、怎样评判价值、如何创造价值等问题的根本观点。价值观在实践中形成，其内容一方面表现为价值取向和价值追求，凝结为一定的价值目标；另一方面又表现为价值尺度和价值准则，凝结为一定的价值判断和价值规范。价值观在人的精神世界中有着极其重要的地位和作用。

首先，价值观是人精神世界的根本。从精神世界的内在结构来看，它由知、情、意、信等要素构成。知（知觉、记忆、思维、认识、想象等）与情（欲望、情绪与感情）位于浅层次，意（意念、意向、意愿、意志）位于中间层次，信（理想信念、信仰）位于深层次，彼此相互作用与支撑，共同构成人的精神世界。每一个要素本身又有多个层次，由浅入深。其中，知、情、意、信中都蕴含着价值观，都要受到价值观的影响。从另一个角度来说，世界观、人生观和价值观是精神世界的核心内容。其中，价值观是世界观和人生观的重要组成部分与集中体现。可以说，价值观不是精神世界的全部，却是精神世界的根本。从人精神世界的发展来看，精神世界离不开物质世界，“物质生活的生产方式制约着整个社会生活、政治生活和精神生活的过程”[1]。精神世界作为意识活动的结果，以“现实的

① 马克思，恩格斯．马克思恩格斯选集：第2卷．3版．北京：人民出版社，2012：2.

人”的物质生产实践活动为基础，而价值尺度正是人的生产所要遵循的重要尺度。这也就是说，精神世界是伴随着人们认识世界和改造世界的活动才逐步构建起来的，精神世界的产生与发展，离不开价值关系与对象化活动。在人的精神世界里，总是无法回避一些关键性的问题。比如，客观世界对人有什么样的意义，客观事物对“我”有什么样的价值和作用，反过来“我”对世界有何价值，又该如何实现这一价值，等等。人的精神世界也总是围绕上述问题的展开而不断丰富的，而上述这些问题，无一不凝结和体现着一定的价值观。

其次，价值观是当代中国人精神世界问题的核心。当代中国正处于社会转型期，随着结构转换、机制转轨、利益调整，各种社会矛盾凸显，人们的生活方式、行为习惯、价值观念都会发生明显的变化。可以说，改革开放极大地解放了生产力、发展了生产力，显著地提高了人们的物质生活水平。但是，与此同时，随着经济全球化的深入，以及西方文化的涌入，其中的消极因素正一点点地侵蚀着人们的精神世界，市场经济中存在的一些问题，也愈来愈集中地反映到意识形态领域，正一点点地瓦解着人们的理想信念。精神生活总是与物质生活密切相关，思想、观念、意识总是与人们的物质活动相联系，“不是意识决定生活，而是生活决定意识”①。当代中国人的精神世界，正面临一系列的问题，如精神懈怠、心理焦虑、道德困惑、价值迷茫、理想淡漠、信仰缺失等，这些问题已经严重影响到人们正常的精神生活，并引发了不同程度上的社会问题。

究其实质，当代中国人精神世界问题的核心，在于价值观的冲突与错位。一是传统价值观与现代价值观的冲突，这种冲突在社会转型期尤为明显。因为“旧”的价值观并不会“主动投降”或立即被破除，反而在相当长的一段时间内，都会呈现出剧烈的对抗，而新的价值观又尚未以成熟完善的姿态树立起来，在“旧”与“新”、“古”与“今”的冲突与对抗中，人们面临着价值观变革与价值观重建的双重任务，很容易产生价值迷茫或者价值错位，并引发精神世界的诸多问题。二是中国价值观与西方价值观的冲突，这种冲突实际上是中西文化软实力的较量。改革开放以来，西方价值观借助于发达国家的经济优势、多元的文化产品、先进的技术媒介、多样的社会思潮，越来越广泛地渗透到人们的精神生活中，对于精神世界尤其是价值观的影响不容小觑。尤其是西方敌对势力，以政治宣传、影视产品、文化艺术等

---

① 马克思，恩格斯．马克思恩格斯选集：第1卷．3版．北京：人民出版社，2012：152.

多种载体，大肆传播西方价值观，并散布“中国威胁论”“历史终结论”等，蛊惑人心，对人们的理想信念与共产主义信仰的冲击很大，侵蚀着人的精神世界，很可能使已有问题恶化，甚至激化人民与国家之间的矛盾与对抗。三是主导价值观与个体价值观的冲突，这种冲突实质上是国家/社会与个人之间的矛盾在价值观层面上的呈现。主导价值观与主流意识形态相符，是占有统治地位的生产关系在上层建筑层面的要求和体现，代表的是国家/社会最根本的利益和诉求，它并不是天然地就能够为人们所接受与认同，也不是直接地就等同于个体价值观。很多时候，社会利益与个人利益之间会发生矛盾，主导价值观与个体价值观之间也会有冲突，这种冲突也会造成个体精神世界的一些问题，或者是引发精神世界要素之间的激烈对抗，尤其表现为人们知与情、知与意、知与信之间的矛盾，以及意与信这两个要素的错位与缺位。在这里，需要特别指出的是，在当代中国，这种冲突并不是不可调和的。恰恰相反，在社会主义制度下，主导价值观与个体价值观在本质上是一致与统一的，偶尔表现出来的冲突，也是二者相互促进、相互补充的一个体现。

最后，价值观是解决当代中国人精神世界问题的关键。毛泽东曾经指出，凡事要学会抓主要矛盾，切勿眉毛胡子一把抓。当代中国人精神世界的问题复杂，但价值观却是其中的关键性问题，抓住了这个关键，就找到了解决问题的钥匙。当然，构建当代中国人精神世界的途径不只这一种，但价值观及其教育却是根本与长效的。正确的价值观，不仅是健康精神生活的基础，也是人生观、世界观健康发展的保证，对于人精神世界的构建有重要的支撑与导向作用。同时，价值观也是中国人独特精神世界的重要组成部分，是民族性格和特质的集中体现。正如习近平总书记所指出的那样：“我们生而为中国人，最根本的是我们有中国人的独特精神世界，有百姓日用而不觉的价值观。”[①] 当代中国人精神世界的问题具有特殊性，同时兼有民族性与时代性，并会在价值观的层面得到相应的体现。正确价值观的培育，有助于及时有效地遏制不良思潮，纠正错误观念，澄清思想困惑，纾解精神压力，净化精神生活，既可以解决现有问题，又可以预防精神世界中潜在问题的发生。基于此，我们可以说，解决当代中国人精神世界问题的关键在于价值观及其教育。

构建当代中国人的精神世界的实质在于价值观的重建，而重建价值观必

① 习近平．习近平谈治国理政．北京：外文出版社，2014：171.

须高度重视和充分发挥社会主义核心价值观的引领作用。社会主义核心价值观最贴近当代中国人独特的精神世界，有深厚的情感基础，能充分地反映其精神面貌和精神品性，能集中地反映出现实问题，可以有效地整合与规范多样的价值，同时，它对于个人、社会、国家有极强的凝聚力和号召力，可以有效地调动不同层面、不同领域的合力。而社会主义核心价值观建设也必须把精神世界的构建作为中心任务，并把价值观的重建作为一项重点工作去推进和落实，以筑牢当代中国人的理想信念、重建共产主义信仰，让人的精神真正地有所皈依、有所安顿。

第五章

明大德守公德严私德

社会主义市场经济条件下如何理解“为人民服务”？

刘树宏

有人说，“为人民服务是对党员、干部的政治要求，我是普通群众，为人民服务与我没有关系”。请问，上述说法正确吗？

上述说法对“为人民服务”含义的理解出现了偏差，下面我们就从“为人民服务”思想的发展历程入手并联系上述观点，对“为人民服务”的含义进行简要的分析阐释。

“为人民服务”如今已经成为当代中国的经典表述，这种表述所蕴含的深刻思想内涵是与其产生发展历程紧密相关的。要正确理解“为人民服务”的含义，必须首先了解其产生发展历程。

“为人民服务”思想由来已久。早在标志马克思主义诞生的经典文献《共产党宣言》中，就有了该思想的早期萌芽。马克思、恩格斯在谈到无产阶级的运动与以往一切运动的区别时明确指出：“过去的一切运动都是少数人的，或者为少数人谋利益的运动。无产阶级的运动是绝大多数人的，为绝大多数人谋利益的独立的运动。”① 后来，列宁进一步继承并丰富了这一思想。1905 年，他在《党的组织和党的出版物》中指出，“社会主义无产阶级”的写作“不是为饱食终日的贵妇人服务，不是为百无聊赖、胖得发愁的‘一万个上层分子’服务，而是为千千万万劳动人民，为这些国家的精华、国家的力量、国家的未来服务”②。这里，列宁着重强调了无产阶级政党的刊物应该为多数人服务，而且是为千千万万劳动人民服务的无产阶级文化战略思想。毛泽东从新民主主义革命的客观实际出发，对马

① 马克思，恩格斯．马克思恩格斯选集：第 1 卷．3 版．北京：人民出版社，2012：411.

② 列宁．列宁专题文集：论无产阶级政党．北京：人民出版社，2009：170.

克思主义经典作家的“为人民服务”思想进行了继承、丰富和发展。1939年，在给张闻天的信中，毛泽东在评价孔子的道德论时指出，孔子所主张的“知仁勇”之“勇”的含义主要是指“勇于压迫人民，勇于守卫封建制度，而不勇于为人民服务”[①]，这是毛泽东首次提出和使用“为人民服务”的命题，也指出了孔子道德思想的阶级局限性。1944年，毛泽东在追悼中央警备团为烧炭而壮烈牺牲的战士张思德时发表重要演讲，他在这次追悼演讲中较为深入、系统地阐述了“为人民服务”的思想。他指出：“我们的共产党和共产党所领导的八路军、新四军，是革命的队伍。我们这个队伍完全是为着解放人民的，是彻底地为人民的利益工作的。”之所以我们的队伍具有这样的特质，根本原因在于“我们是为人民服务的”。这篇演讲以普通战士张思德牺牲在大后方普通劳动岗位上为引子，深刻揭示了共产党员实现崇高人生观的真谛不在于工作形式，而在于隐藏在形式背后的精神实质。只要是“为人民利益而死”，不论是牺牲在硝烟弥漫的前沿阵地，还是牺牲在大后方的普通劳动岗位，只要他是“为人民利益而死的”，“他的死是比泰山还要重的”[②]，烧炭战士张思德就是这样一个革命同志。1945年，毛泽东在中国共产党第七次全国代表大会上再次强调指出：“我们共产党人区别于其他任何政党的又一个显著的标志，就是和最广大的人民群众取得最密切的联系。全心全意地为人民服务，一刻也不脱离群众；一切从人民的利益出发，而不是从个人或小集团的利益出发；向人民负责和向党的领导机关负责的一致性；这些就是我们的出发点。”[③]

新中国成立后，党的历届领导人把“全心全意为人民服务”作为党的根本宗旨和共产党员的最高行为准则反复强调，足见“为人民服务”思想对于社会主义建设仍然具有巨大的作用。1957年，毛泽东针对一些同志“革命意志有些衰退，革命热情有些不足，全心全意为人民服务的精神少了”的思想状况，指出“共产党就是要奋斗，就是要全心全意为人民服务，不要半心半意或者三分之二的心三分之二的意为人民服务”[④]。1985年，邓小平谆谆教导新时期的干部不仅要年轻、有业务知识，“还要有好的作风。要全心全意为人民服务，深入群众倾听他们的呼声”[⑤]。1994年，江泽民同志对各级干

---

① 毛泽东．毛泽东文集：第2卷．北京：人民出版社，1993：163.

② 毛泽东．毛泽东选集：第3卷．2版．北京：人民出版社，1993：1004.

③ 同②1094－1095.

④ 毛泽东．毛泽东文集：第7卷．北京：人民出版社，1999：285.

⑤ 邓小平．邓小平文选：第3卷．北京：人民出版社，1993：146.

部提出殷切希望，希望他们“处处以党和人民的利益为重，以人民群众为本，抛弃一切官僚主义、形式主义的不良习气，真正在领导方法和工作方法方面取得新的进步，在全心全意为人民谋利益方面创造出新的气象”[①]。2008年，胡锦涛同志强调指出，“广大党员、干部要牢记全心全意为人民服务的根本宗旨，以人民的利益为重……做到吃苦在前、享受在后”[②]。2013年，习近平同志再次强调，“全心全意为人民服务的宗旨不能忘”，要“牢记并恪守”这一“根本宗旨”[③]。

党章也把“为人民服务”作为重要内容进行强调和阐释。党的十九大修正的党章对“为人民服务”做了更为详细而系统的阐述，主要表现在三处：其一，在“总纲”中把“为人民服务”作为党的建设的基本要求提了出来，明确提出加强党的建设，必须“坚持全心全意为人民服务”。其二，在第一章第二条再次强调指出：“中国共产党党员是中国工人阶级的有共产主义觉悟的先锋战士。中国共产党党员必须全心全意为人民服务，不惜牺牲个人的一切，为实现共产主义奋斗终身。”把“为人民服务”作为党员必须恪守的义务提了出来，强调党员思想觉悟的特殊性和行为的崇高性。其三，在第一章第三条第三款承接上一条，再次对以“为人民服务”为核心的共产主义觉悟进行进一步的阐释，指出中国共产党党员在处理利益关系时，必须“坚持党和人民的利益高于一切，个人利益服从党和人民的利益，吃苦在前，享受在后，克己奉公，多做贡献”，重点强调了党和人民利益的至上性与优先性。

综上所述，为人民服务思想确实是对党员、干部的政治要求，而且过去是现在还是。然而，能否据此认为这是党员、干部的“专利”而与普通群众没有关系呢？弄清这个问题，还需要再次追索为人民服务思想发展史。我们发现，为人民服务除了政治含义之外，还有另外一层含义——伦理含义。最具代表性的重要文件有两个：一是党的十四届六中全会审议通过的《中共中央关于加强社会主义精神文明建设若干重要问题的决议》。该文件指出，“社会主义道德建设要以为人民服务为核心，以集体主义为原则”。二是新世纪初颁布的《公民道德建设实施纲要》。该文件指出，“社会主义道德建设要坚持以为人民服务为核心”，因为“为人民服务作为公民道德建设的核心，是社会主义道德区别和优越于其它社会形态道德的显著标志。它不仅是对共产

---

① 江泽民．江泽民文选：第1卷．北京：人民出版社，2006：364.

② 中共中央文献研究室．十七大以来重要文献选编：上．北京：中央文献出版社，2009：493-494.

③ 习近平．习近平谈治国理政．北京：外文出版社，2014：367.

党员和领导干部的要求，也是对广大群众的要求”。这样，“为人民服务”作为经典表述，除了具有传统的政治含义，是对中国共产党和先进分子的政治要求之外；在社会主义建设新时期还具有伦理含义，不仅要求中国共产党党员、干部积极践行“为人民服务”的道德要求，做社会主义道德建设的表率，而且还要求每一个公民或者普通群众，都要在自己的工作生活中身体力行“为人民服务”的道德操守。“为人民服务”从政治领域延伸到道德领域，从对党员、干部少数人的政治要求拓展到全体社会成员的道德规范，这是党领导全国各族人民进行社会主义精神文明建设的一个伟大创举，对于社会主义市场经济条件下社会主义道德建设具有重要的里程碑意义。

另外，作为社会主义道德建设核心的“为人民服务”的现实表现是有层次性的，这就为不同道德水平的人践行“为人民服务”道德规范夯实了现实根基。战争年代的邱少云、黄继光、董存瑞，为了新中国抛头颅洒热血，毫不利己、专门利人，是为人民服务；在社会主义建设时期，党的好干部焦裕禄、孔繁森、沈浩，他们为造福一方百姓，舍小家顾大家，拼命工作公而忘私，最后牺牲在工作岗位上，也是为人民服务。同样，对于普通群众来讲，在本职工作中，先公后私、爱岗敬业，是为人民服务；在生活中，同事之间、同学之间、师生之间，互相关心、互相帮助，也是为人民服务。即便是自由职业者，只要遵纪守法，凭借自己的诚实劳动获得正当的个人利益，还是为人民服务。所以“每个公民不论社会分工如何、能力大小，都能够在本职岗位，通过不同形式做到为人民服务”①。

当然，共产党员和普通群众践行“为人民服务”还是有区别的。对于共产党员、干部而言，其为人民服务达到的境界应该是最高层次的，即毫不利己、专门利人、全心全意为人民服务；而普通群众的境界则可以低一些，可以先公后私、先人后己、遵纪守法等等。但是，无论是谁，都应该把追求为人民服务的最高层次作为自己的道德理想矢志不移地去追求。

总之，那种认为自己是普通群众就可以不践行“为人民服务”的思想，显然是极其错误的。“为人民服务”不仅是党员、干部的政治要求，也是普通群众或者全体公民的道德义务。在现实工作生活中，每个人都应该从自己的本职工作出发，积极践行以为人民服务为核心的社会主义道德规范，只有这样才能为在本世纪实现“两个一百年”的奋斗目标、共筑中国梦贡献力量。

① 中共中央文献研究室．十五大以来重要文献选编：下．北京：人民出版社，2003：1984.

社会主义市场经济条件下如何理解集体主义原则？有人说集体主义就是对“个人的压制”，是对“个性的束缚”，这种说法对吗？

刘树宏

有人认为，当前中国推行的是市场经济，重点在于个人利益的满足，实施集体主义就是对“个人的压制”、对“个性的束缚”，因而集体主义已经不合时宜了。这种说法正确吗？

自20世纪90年代党的十四大提出发展社会主义市场经济以来，确实有一部分人对集体主义有这样那样的理解甚至误解，上面的观点就是最具代表性的观点之一。究竟该如何看待市场经济条件下的集体主义道德原则，实施集体主义是否就是对“个人的压制”、对“个性的束缚”，集体主义在现如今是否“不合时宜”，等等，对这些问题的回答，关键取决于对两个问题的理解：一是如何科学认识社会主义市场经济和社会主义集体主义的关系，二是如何正确理解社会主义集体主义的科学内涵。

我们先来审视市场经济与集体主义的关系，即市场经济与集体主义到底是相适还是相斥。科学审视这个问题必须思考这样两个具体问题：一是什么是市场经济；二是社会资源配置的手段由计划转变为市场，社会主流价值观是否需要“旧貌换新颜”。首先，我们来简要了解一下市场经济。在改革开放以前，由于受冷战思维和两极格局的影响，我们对市场经济的认识相当有限，多数人习惯于把市场经济与资本主义联系在一起，把计划经济与社会主义相提并论。自党的十二届三中全会提出发展有计划的商品经济、党的十四大提出发展社会主义市场经济以来，随着市场经济由概念到实践的发展变化，人们对于市场经济的认识不断提高和加深，改变了过去把计划经济与社会主义、市场经济与资本主义一一对应的思维定式，逐渐认识到市场只是资源配置的一种手段，与社会制度没有必然的联系。正如邓小平所说：“计划多一点还是市场多一点，不是社会主义与资本主义的本质区别。计划经济不等于社会主义，资本主义也有计划；市场经济不等于资本主义，社会主义也有市场。计划和市场都是经济手段。"[1] 因此，资本主义可以搞市场经济，社会主义也可以运用市场来进行资源配置。不过，任何人都不能否认，市场经济与不同的社会制度结合，其目的是不同的。当代中国提倡并实施的市场经济，确切地说应该是社会主义市场经济，它既具有市场经济的共性，又具有社会主义制度所赋予的特性。简言之，当代中国实施的社会主义市场经济，就是在社会主义框架体系内进行资源配置，就是要彰显"解放生产力，发展生产力，消灭剥削，消除两极分化，最终达到共同富裕"[2] 的社会主义本质。这些是我们对市场经济以及社会主义市场经济的最基本、最简要的了解。

接下来我们思考的是资源配置的手段发生了变化，社会主流价值观是否需要"旧貌换新颜"。我们在改革开放之前实施的是社会主义计划经济，那时我们的社会主流价值观之一就是集体主义。现如今，我们提倡并实施社会主义市场经济，这是否意味着集体主义"不合时宜"了？如上所述，市场只是资源配置的一种手段，与姓社姓资没有直接必然的联系。作为意识形态的集体主义不是由资源配置的手段所决定的，而是由社会的基本经济制度、分配制度、政体和国体等因素决定的。实行计划经济的时候，我们的基本经济制度是公有制，实行按劳分配的分配制度，国体是人民民主专政，政体是人民代表大会制度；实施并提倡社会主义市场经济后，我国的基本经济制度和分配制度是公有制为主体、按劳分配为主，国体和政体仍然是人民民主专政和人民代表大会制度。因此，作为意识形态之一的集体主义亦不能变。也就是说，在社会主义市场经济条件下，提倡并实施集体主义不应该"旧貌换新颜"，说"不合时宜"也是不恰当的。

不过，市场经济毕竟与计划经济有着诸多的差异，尤其是市场经济追逐利益和等价交换等特点，对社会主流价值观建设提出了更高的要求和更大的挑战。如果市场经济的这些特点被转嫁到道德领域，不仅会影响市场经济的顺利实施，甚至还会威胁社会主义建设。所以，社会主义市场经济条件下，提倡和实施集体主义不仅不是"不合时宜"的，反而是相当必要的。为了规避市场经济逐利性等负面影响，为了确保市场经济不偏离社会主义轨道，最终实现"共同富裕"而不是两极分化，就必然要求社会主义社会在大力加强法治建设的同时，在全社会大力倡导和实施社会主义主流价值观建设，强调

---

①② 邓小平．邓小平文选：第3卷．北京：人民出版社，1993：373.

国家利益、社会整体利益的优先性和最大化。这就迫切需要理性考虑市场经济条件下公民的价值取向与计划经济条件下的不同，从而构建一套既与社会主义市场经济相适应，又能让全体公民接受的社会主义道德体系。“理论在一个国家实现的程度，总是取决于理论满足这个国家的需要的程度。”① 正是在社会主义市场经济的迫切召唤下，我国的相关部门和理论工作者，在坚持社会主义主流价值观的同时，积极进行与社会主义市场经济相适应的社会主义道德体系的探索和研究。1996 年党的十四届六中全会颁布的《中共中央关于加强社会主义精神文明建设若干重要问题的决议》（简称《决议》）对社会主义道德体系进行了较为深入的探索，为社会主义道德建设走向新世纪指明了前进的方向。新世纪初，我国又在道德建设史上掀开了崭新的一页，第一次把法律中使用的核心概念——“公民”——引进道德建设领域，颁布了《公民道德建设实施纲要》（简称《纲要》）。《纲要》对公民道德建设的内容体系进行了清晰的阐释，指出在社会主义建设新时期，“社会主义道德建设要坚持以为人民服务为核心，以集体主义为原则，以爱祖国、爱人民、爱劳动、爱科学、爱社会主义为基本要求，以社会公德、职业道德、家庭美德为着力点。在公民道德建设中，应当把这些主要内容具体化、规范化，使之成为全体公民普遍认同和自觉遵守的行为准则”②。党的十八大又增加了一个新的道德建设领域——个人品德建设。同时，《决议》《纲要》等文件还对人们司空见惯的为人民服务、集体主义做了适合于当代公民现实道德思想状况的新阐释。这些充分证明，我们已经在建构与社会主义市场经济相适应的社会主义道德体系方面取得了可喜的成绩，初步构建了一个与社会主义市场经济相适应的道德体系。因此，作为社会主义道德建设原则的集体主义与社会主义市场经济必然也是相适关系而非相斥关系。

以上是我们对社会主义市场经济与集体主义关系的认识。为了更好地理解二者的关系，也为了彻底弄清楚现如今实施集体主义是否是对“个人的压制”、对“个性的束缚”等问题，我们再来进一步理解社会主义集体主义的科学内涵。综观目前学界的相关研究成果和中共中央的相关文件精神，在社会主义市场经济条件下，我们提倡的社会主义集体主义的内涵主要体现在以下三个方面：

第一，社会主义集体主义的基本要义在于国家利益、人民利益、集体利

① 马克思，恩格斯．马克思恩格斯文集：第 1 卷．北京：人民出版社，2009：12.

② 中共中央文献研究室．十五大以来重要文献选编：下．北京：人民出版社，2003：1983－1984.

益和个人利益是辩证统一的。在我们建设中国特色社会主义社会的今天，国家利益、人民利益、集体利益与个人利益是休戚相关的。国家利益、人民利益和集体利益的增加，也就意味着作为国家一分子、社会成员的个人利益的相应增加；相反，如果国家利益、人民利益和集体利益受损了，个人利益也会相应地有所减少。俗语中的“大河有水小河不干”，说的就是这个道理，这是社会主义集体主义最基本、最首要的内涵。

第二，国家利益、人民利益、集体利益具有优先性。在坚持国家利益、人民利益、集体利益和个人利益是辩证统一关系的前提下，我们也不能否认，国家利益、人民利益、集体利益和个人利益在某些特殊的情形下会产生矛盾，甚至会产生冲突或严重冲突。在这种特殊情形下，个体该何去何从呢？社会主义集体主义道德原则要求我们，在不牺牲个人利益甚至生命就无法保全国家利益、人民利益、集体利益的前提下，要以大局为重，要自觉自愿地牺牲个人利益甚至生命来保全国家利益、人民利益和集体利益，这就是社会主义集体主义道德原则的第二个方面的内涵——国家利益、人民利益和集体利益的优先性。当然，这里所说的牺牲个人利益甚至生命并不是绝对的，而是相对的。其一，这里所说的牺牲个人利益，并不是不论何时何地何种情况的绝对行为，而是有条件的、相对的，这个条件就是不牺牲个人利益就没有更好的办法来保全国家利益、人民利益和集体利益，是国家利益、人民利益、集体利益和个人利益无法兼顾的“无奈”之举。其二，牺牲个人利益需要道德主体自觉自愿而非强迫。社会主义集体主义毕竟是道德原则，道德是需要道德主体自觉自愿的。这样就充分尊重了道德主体的主体性，彰显了个体自由和个性。不过，在当今中国，确实有一些人道德水平和道德境界不够高，这就需要在全社会大力宣传、提倡集体主义道德，使每个公民在工作生活中都能自觉自愿践行集体主义道德。

第三，切实保障个体正当利益的实现，是社会主义集体主义的题中应有之义。社会主义集体主义强调国家利益、人民利益和集体利益与个人利益的辩证统一，牺牲个人利益是有条件的。因此，为了避免一些虚假的集体以“集体主义”的名义任意侵害个人正当利益，社会主义集体主义还强调要切实保障个体正当利益。这里所说的“个体正当利益”，是指通过“遵纪守法和依靠诚实劳动，在不损害他人利益和集体利益的前提下所获取的经济主体利益”①。从这一点来看，那种认为集体主义就是对“个人的压制”、对“个

① 戴木才．谈谈社会主义市场经济条件下的集体主义原则．思想政治工作研究，2004（6）：6.

性的束缚”的观点也就不攻自破了。

所以，社会主义集体主义不仅不是对“个人的压制”、对“个性的束缚”，相反，只有在全社会大力提倡和实施社会主义集体主义道德原则，个人才会得到自由的发展，个体的正当利益才能得到应有的保障和实现。

最后，还应该了解社会主义集体主义多层次的表现，这不仅有助于集体主义道德实践，而且更有助于增进对本问题的科学理解。道德只有成为全体社会成员的行为操守，才能起到调节社会秩序的重要作用。集体主义作为社会主义道德建设的基本原则，也只有深深扎根于现实的土壤之中，才能为社会主义市场经济的健康发展提供保障。由于我国经济生活水平和人们思想道德状况的不同，人们实践集体主义道德原则的表现也是有层次的。总的说来，在当代中国，践行社会主义集体主义道德原则，具有高低不同的三个层次的表现。最高层次的表现就是无私奉献、一心为公，即在工作生活中，人们始终能够自觉自愿地恪守社会主义道德规范，不论是在生活公德、职业道德、家庭美德领域还是在个人品德方面，都能无私奉献、一心为公。这一层次主要是对中国共产党党员和先进分子的要求。在当代中国，能够达到这一层次的人还是少数。中间层次的表现就是先公后私、先人后己。在道德实践中，人们在处理公与私、人与己的利益关系时，能够自觉自愿、积极主动地以公共利益、他人利益为优先考虑的对象，而把自己的利益放在最后。这一层次是对多数社会成员的要求，也是多数社会成员在工作生活中能够达到的道德境界。最后一个层次是基础层次，其表现就是公私兼顾、不损公肥私，这是践行集体主义道德的基础要求，也是对全体社会成员的最低道德要求。因此，在当代中国，每个人都可以根据自己的道德实际，做出道德选择，或者是最高层次，或者是中间层次，也可以是基础层次。人们的道德水平是不断发展变化的，基本上遵循着从低到高的发展变化规律。一个人现在的道德层次可能比较低，但只要拥有积极的道德认知、高度的道德自觉，并且把崇高的道德目标作为自己的道德理想孜孜不倦地去追求，就会有达到崇高境界的那一天。有人说“目前我虽不崇高，但我却心向往之”，这是一种值得肯定的道德心理。因此，社会主义集体主义多层次性的现实表现，充分体现了先进性与广泛性的有机统一，正是这种“接地气”的诠释，才使得集体主义道德规范能够在广大的人民群众之中生根发芽。

总之，那种认为当前中国推行的是市场经济，重点在于个人利益的满足，提倡和实施集体主义就是对“个人的压制”、对“个性的束缚”，甚至认为集体主义已经“不合时宜”的观点是极其错误的。这种观点没有真正理解社会主义市场经济与社会主义集体主义的关系，没有科学理解集体主义的基本内涵和集体主义现实表现的层次性。在实施社会主义市场经济的当代中国，集体主义道德原则不仅没有过时，而且还应该大力提倡和践行，只有这样才能凝聚全社会的力量，营造良好的社会道德氛围，从而为实现中华民族伟大复兴的中国梦保驾护航。

为什么说中国特色社会主义道德是对传统美德和革命道德的继承和发展？

袁和静

每当重大灾害来临的时候，中国都能够在第一时间举全国之力救灾，“一方有难，八方支援”，这种举国动员、组织、调度的能力，以及强大的团结互助精神，令每一个中国人都体会到国家和社会整体的力量，也令世界惊叹。我们为什么能有这么一种凝聚力量，并且这一力量还能够撼动每一个中国人？这种道德精神有什么历史继承？

邓小平说：“社会主义同资本主义比较，它的优越性就在于能做到全国一盘棋，集中力量，保证重点。”江泽民同志也曾说过：“我国社会主义制度具有巨大的优越性，能够集中力量办大事，动员和组织全国人民不断创造伟大的业绩。”中国特色社会主义体制能够确保民族团结，凝聚国人力量，举全国之力确保思想统一，始终坚持以人为本，坚持公有制度与共同富裕，力求实现成果共享。我们之所以能够集中力量办大事，原因就在于我们坚持集体主义原则。集体主义既是社会生活中必须具有的道德责任，更是社会主义价值原则与和谐社会组织肌体的必然要求。这种价值原则不仅体现在“共同富裕”的制度和大政方针取向中，也体现在抗震救灾、奥运等举国活动中。这种社会主义的价值引领与道德凝聚力是中国特色社会主义道德的显著体现。

中国特色社会主义特在哪里？习近平同志讲：“中国特色社会主义特就特在其道路、理论体系、制度上，特就特在其实现途径、行动指南、根本保障的内在联系上，特就特在这三者统一于中国特色社会主义伟大实践上。在当代中国，坚持和发展中国特色社会主义，就是真正坚持社会主义。”我们不仅要在道路、体系、制度上体现中国特色社会主义，在道德上同样要展现我们的价值优势与道德特点，真正在中国特色社会主义道德实践层面不断凸显中国特色社会主义的优越性与“特”性。同样，中国特色社会主义道德是在社会主义体制优势的基础上建立起来的道德原则与价值理念，其中一个显著特点也应该是坚持集体主义价值原则。我们现在了解了中国特色社会主义的特点与体制优势，明确了中国特色社会主义道德必须坚持集体主义原则这一价值本位。那么，我们为什么会一直坚持集体主义原则？中国特色社会主义道德是在什么基础上发展而来的，才有着如此感召力与渗透力？它有什么历史的继承与发展？

中华民族具有强大的凝聚力和创造力，具有很强的包容性和适宜性，通过融合不同文化元素，容纳不同生活习性，建构起极富弹性的文化结构，使得多民族共存，彰显历久弥新的生命力。其中中国特色社会主义道德起到了重要的价值凝聚与支撑作用，而中国特色社会主义道德是对传统美德和革命道德的继承和发展，具有深厚的中国基因与历史命脉。

中国特色社会主义道德为什么是对传统美德的继承和发展？什么是传统美德？中华文明源远流长，在长期的文化熏陶与历史积淀过程中形成独有的美德风范和理论气质，其中讲仁爱、重民本、守诚信、崇正义、尚和合、求大同的精神与规范为历代王朝所倡导，为历代思想家不断阐发，为中华儿女所耳熟能详，只因为它是中华民族几千年文化创造和历史积淀的结晶，是传统美德的灵魂与精华之所在，是对中国传统道德与美德精神的最完美诠释。传统美德的代表是仁义礼智信，“仁”讲爱心和包容，“义”讲正当和道义，“礼”讲文明与秩序，“智”讲科学和智慧，“信”讲诚实与信誉，这些传统美德既是做人的最基本要求，也是维系家庭事业的牢固力量，更是治国安邦的根基。它们在中华文明史上起到了重要的作用。

有人会疑惑，既然传统美德在历史上起到重要的作用，那么在今天是不是意义就不大了呢？恰恰相反，如今传统美德同样具有极强的传承性与弘扬价值，它不会因时代的发展变迁而过时，我们应该充分发扬传统美德的现代价值，赋予其时代含义。并且，传统美德作为传统精华积淀至今，是中国传统文化的精髓，伴随时代发展变迁与国际文化境遇改变，传统美德还具有国际意义，作为国家的“软实力”传输到世界各国，具有持久的生命力和活力。

由于传统美德具有这么重要的历史意义与时代价值，因此中国特色社会主义道德作为现代社会道德的具体展现，离不开传统美德的精神滋养，因为传统美德的影响价值将长久存在。如学者刘宗贤所言：“它作为一种基本的价值观或为人之道，作为一种普遍的社会伦理意识，存在于我们民族的文化心理结构之中，渗透在我们每个人的血液里，构成我们民族生生不息的内在灵魂。它造就了中华民族的性格，并且至今仍对人们的行为、态度，以及思想信仰发生着作用。”因此，中国特色社会主义道德离不开传统美德的精神滋养，可以说传统美德就是中国特色社会主义道德的根源与命脉。

中国特色社会主义道德为什么是对革命道德的继承和发展？谈到革命道德，不能不对革命的历史进程做一番回忆。在 1840 年的历史坐标上，中国人的精神气质在鸦片的烟雾缭绕中和西方列强的践踏下几乎消耗殆尽。那些自称“西方文明传播者”的侵略者在中国恣意妄为，抢劫中国财富，破坏中国文明古迹，肆意释放着帝国主义、殖民主义的霸权主义侵略本性。中国面对“千年未有之变局”，想要迈开前进脚步，却找不到进发的路。处在彷徨年代的近代中国，混合着屈辱与悲愤、焦躁与希冀的中国人，被迫进入了有西方列强殖民霸权横行的世界近代史，无数仁人志士也踏上了救亡图存的爱国之路。首先被唤醒的是中国士大夫阶层，以魏源等为代表的中国爱国人士发出了“师夷长技以制夷”的历史声音。中国的农民阶级也开始觉醒了，洪秀全的太平天国运动利用改造的基督教义，对中国封建社会进行了猛烈抨击。19 世纪后半叶，西方资本主义列强加紧了对中国的侵略。中国的民族资产阶级在夹缝中艰难生存。资产阶级改良派倒下了，但激进的资产阶级革命派却没有屈服，他们控诉帝国主义的侵华罪恶，提出了挽救中国危局的行动纲领。其间涌现了孙中山、章太炎等一大批伟大的爱国人物。以他们为代表的大批爱国先觉者，涉外远洋，历尽千辛万苦，寻找强国之道。以孙中山为代表的革命派，推翻了清政府的统治，使中华民族迈出了走向共和最坚实的一步。1921 年中国共产党的成立，使这一群体对革命的追求有了坚强的领导力量，进入了一个崭新阶段。

中国革命的探索过程是艰辛的，但探索中累积的民族气节、爱国精神与道德力量却弥足珍贵，中国人在民族救亡图存过程中觉醒，造就了中国革命精神与革命道德。

中国革命精神与中国革命道德的生成与中国革命的历史发展进程相一致。可以说，井冈山精神、苏区精神、长征精神、延安精神、抗战精神、西柏坡精神、沂蒙精神等，构成了探索中国革命的精神系列。中国第一块革命根据地中形成的井冈山精神，是中国革命精神的基石。红军二万五千里长征宣告着中国共产党人不屈的革命斗志和乐观主义精神，“红军不怕远征难，万水千山只等闲”。在延安，中国共产党人运筹帷幄，自力更生，成为延安精神的真实写照。在中国人的记忆中，西柏坡这个小村庄是与中国历史的重大转折联系在一起的。在这个村庄里，中国共产党展示了马克思主义政党特有的革命魄力——我们不仅要破坏旧世界，还要创造新世界，开启新的革命征程。1949年新中国的建立，使中国人民真正翻身成为国家主人。社会主义制度的建立，思想信仰的力量激发着中国人民的建设精神和活力。人们以高昂的爱国热情工作，为新中国的建设做着积极奉献。“宁肯少活20年，拼命也要拿下大油田”的豪言壮语，表达了石油工人把工作与爱国情感结合在一起的时代精神，也代表了这一时期中国人的心声和精神面貌。“高峡出平湖，神女应无恙”，“可上九天揽月，可下五洋捉鳖”，既是毛泽东对中国社会主义建设前景的概括，也是中国共产党人乐观主义精神的当代言说。毛泽东预见性地描绘了我们今日“行走的空间”，无论太空还是海洋，都有中国人创造的奇迹与奋斗的形象。这些成绩的取得都是在中国革命道德的支持下实现的，正是革命道德的引导，才确保了中国革命的胜利和中国革命精神的积累创新。

回望历史，中国革命道德的形成历经艰难，中国革命道德的影响深刻久远，我们今天开展中国特色社会主义道德建设，不但不能遗忘革命道德的历史价值，更应该弘扬它的现代使命，在今天的社会建设中融入革命道德的光辉。

最后，当今的中国在世界舞台上彰显着独有的东方魅力，作为崛起的大国，中国怎样展现大国的气度与胸怀，获得世人的尊敬与信服，是我们在世界立足需要解决的问题。而作为传统礼仪之邦，中国应该在中国特色社会主义道德的引领下弘扬传统道德，发扬革命精神，遵守礼仪规范、传递文明力量，展现大国魅力。唯有如此，中国才能屹立于世界。

如何实现中华传统美德的创造性转化和创新性发展？

贾雪丽

“脱掉父母的鞋袜，将他们的脚放进水里，依次轻推脚背、脚颈、脚底……”重庆某中学老师在台上指导学生为家长洗脚。活动一开始，刚刚还谈笑风生的家长顷刻沉默，更有很多家长在享受孩子的这份孝心时，泪如雨下。卧冰求鲤、扇枕温衾的故事传颂至今，“孝”德作为中国传统道德的核心，始终是维系个体家庭和中华民族健康发展的重要道德教化资源。但在社会群体利益需求多样化和价值观念多元化的今天，以“孝”德为核心的中华传统美德逐渐被人们淡忘。因此，如何在当代社会实现中华传统美德的创造性转化和创新性发展，使中华传统美德重放异彩，是我们必须要面对和解决的重要问题。

中华民族是一个由五十六个民族构成的伟大民族，具有一脉相承而又与时俱进的精神传统。在五千多年的历史长河中，中华民族不仅创造了光辉灿烂的中华文明，也塑造了独特的精神气质和精神品格，并逐渐凝结成了中华传统美德。在这一历史进程中，中华民族之所以能够历经磨难、饱经困苦却始终焕发勃勃生机，是因为我们的美德传承。

纵观世界发展史，我们可以看到，只有中华文明是世界古代文明中始终没有中断、连续发展至今的文明。黑格尔曾说：“假如我们从上述各国的国运来比较它们，那么，只有黄河、长江流过的那个中华帝国是世界上唯一持久的国家。征服无从影响这样一个帝国。”中国有着悠久的历史和丰富的传统文化，中国传统美德是我国优秀的传统文化资源。如“仁、义、礼、智、信”等中华传统美德，作为几千年来中国大众处理人际关系的基本准则，突出体现了中国大众追求人与人、人与社会、人与自然的和谐的民族心理和民族品格。这些传统美德对于我们抵制社会发展过程中出现的道德失范现象有着积极的意义。比如，虚假广告就是由于"信"的缺失，网络暴力就是由于"礼"的缺失和对"义"的错误理解，与此类似的社会上出现的很多道德失范现象从根本上可以归结为"仁爱"精神的缺失。"仁爱"精神的实质是关爱他人、关爱社会。如果大众缺乏这种"仁爱"精神，势必会导致社会主体道德责任感的缺失。

中华民族的传统美德，经过几千年的发展，已经内化为中国大众的民族精神，这就意味着新的道德体系必须与中国大众潜意识中的传统美德相衔接，才能生根成活，进而实现可持续发展。脱离中国传统美德的思想文化建设，必然是无本之木、无源之水。同时，中国传统美德的弘扬对于提高和重新培育大众的道德素质也有着重要的作用。大众主体道德素质的提高，势必促进社会整体道德体系的完善和良好道德风尚的形成。

诚然，在"文化大革命"中，很多中国传统美德，由于被认为是封建糟粕，被打倒在地。这动摇了中华传统美德在人们心目中的地位，降低了中华传统美德对人们的影响程度。而接下来的商品经济大潮，又使中国大众在经济利益和物质享受的诱惑下，对中华传统美德产生了怀疑，致使社会上的一部分人逐渐放弃了对中华传统美德的认可和追求。这就导致了中国社会在某些方面出现了中华传统美德的缺位，从而引发社会某些领域出现价值观和道德观混乱。老人摔倒了，扶不扶？老、弱、病、残、孕站身边，座位让不让？借债人离世，钱还不还？病人危急，是先救人还是先缴费？一系列的道德难题，我们无可回避，必须面对。因此，在利益主体日益多元的今天，在新的社会条件下，实现中华传统美德的创造性转化和创新性发展势在必行。

可是，我们应该如何实现中华传统美德的创造性转化和创新性发展呢？记得网络上人们曾对汉服能否做校服，能否作为中国的学位服展开了激烈的讨论，并形成了正反两方完全相反的观点。正方观点认为，现在学生的校服和学位服虽然实用，但严重缺少仪态美和中国风范。中国是礼仪之邦，"温、良、恭、俭、让"等传统美德，首先体现为端庄的仪表，而学生穿汉服有利于传统文化、传统美德的回归。反方观点则认为，伴随时代的发展，汉服已经严重不适应当前的日常生活，学生穿起这样的衣服行动非常不便，坚持穿汉服就是对中国传统文化和传统美德的严重不自信，文化自信的民族根本不必理会穿什么衣服。无论是坚持穿汉服的正方，还是认为穿汉服是对文化严重不自信的反方，其争论的核心就是我们应该用何种方式来继承和发展我们的中华传统美德。再比如，20 世纪 90 年代中后期以来，国学热风靡全国，几乎所有的中小学甚至幼儿园都非常重视国学教育。电视上、网络上、报纸上，经常报道某学校千人共诵《论语》《弟子规》等文学作品。“父母呼，应勿缓；父母命，行勿懒；父母教，须敬听；父母责，须顺承”是对中国传统亲子关系的描述，而王铮亮的一首“时间都去哪儿了，还没好好感受年轻就老了，生儿养女一辈子，满脑子都是孩子哭了笑了”又道出了现代亲子关系的纠结与焦虑。可见，中国社会已经发生了翻天覆地的变化，传统血缘关系建立起来的人情社会已经逐渐被陌生人社会所代替。因此，实现中华传统美德的创造性转化和创新性发展，要坚持批判地继承，既不是全面照搬，也不是全面抛弃，而是要从中国的社会现实出发，同时还要坚持内容和形式的统一。脱离中国实际，实现中华传统美德的创造性转化和创新性发展势必会成为一句空话。

中华传统美德是中华民族的精神命脉，是维系中国社会稳定和发展的精神纽带，也是我们在世界文化激荡中站稳脚跟的坚实根基和最深厚的软实力。实现中华传统美德的创造性转化和创新性发展首先要关注社会文化价值取向的多样化趋势。我国市场经济的快速发展，社会群体利益的差别需求和价值观念的多元，导致人们的价值困惑和矛盾明显增多。社会上的一些人包括有些大学生始终在个人本位与社会本位、成才与发财之间徘徊。目前，有一部分大学生的价值取向逐渐向个人利益、金钱倾斜，为了眼前的利益，不惜牺牲未来。梁植与高晓松的争论就是很好的例证。同时，道德双轨现象对民众尤其是青年学生产生了诸多不良影响。比如，道德认识与道德实践的反差大，人们崇尚真善美的精神境界和高尚人格的同时，又注重现实，讲求实惠和实际；社会主流价值观倡导高水准的道德规范的同时，社会上的不道德行为和错误的道德意识却大行其道。“毒馒头”“毒牛奶”“毒胶囊”等食品安全危机，严重挑战我们的诚信底线；香车美女、游艇派对、明星艳照，时刻刺激着我们的神经，勤俭节约声音微弱。

但是，我们也欣喜地看到，经过多年的努力，植根于中国人文化血脉中的中华传统美德大放异彩。首先，当代中国大众文化的发展为弘扬中国传统美德提供了多样的途径和方式。比如，有关中国传统美德的动画片，就是通过鲜活的人物形象和生动的画面，让社会大众尤其是青少年儿童对尊老爱幼、见义勇为、关爱他人等一系列中华民族的传统美德有了进一步的了解和认识。还有电视剧《西游记》，让人们通过电视屏幕和生活化的语言，感受到传统文化经典的魅力，真切地体验了孙悟空的正义、唐僧的意志和猪八戒偶尔的小肚鸡肠。其次，日臻完善的社会道德评价体系和奖励机制，为实现中华传统美德的创造性转化和创新性发展提供了机制保证。好人有好报日益成为社会共识。比如，每年各种形式的道德模范评选活动已经成为当今中国最具社会影响力的道德事件，人们在道德模范的感人事迹中感受道德的力量。“最美”已经成为当今时代中国传统美德的代名词。道德模范，即便我们身虽不能至，但依旧心向往之。最后，互联网、微博、微信等现代化传媒手段的广泛运用，为宣传中华传统美德、营造良好社会氛围、引领道德风尚提供了更大的可能。一张心脏外科医生怀抱小女孩在手术室看手机的照片火遍朋友圈的同时，也瞬间温暖和湿润了千万颗心灵。而一张“最帅老爸背影”的照片，也感动了数百万网友。

可见，中华传统美德体现了中华民族的人生理念和价值关怀，实现中华传统美德的创造性转化和创新性发展是当前中国大众的道德呼唤和构建和谐社会的重要内容。历史和现实表明，中华传统美德是中华民族的文化基因，已经融于中华民族的骨髓，不会随时代的变迁而消逝，只要立足中国现实，定会焕发时代的光彩。

中国古代思想家提出的道德修养方法对今天的大学生还有用吗？

白　洁

著名国学大师南怀瑾先生在谈到中国传统文化的儒道佛这三个非常重要的组成部分时，有一个形象的比喻。他说："孔家店是粮食店，人人非吃不可。道家是个什么店呢？药店。药店一定要有嘛，生病去买药吃，不生病不需要买。佛家开的什么店？百货店。什么都有，你高兴可以去逛一逛。"儒道佛三家各有特色，但都十分重视道德修养，并总结出许多道德修养的方法。这些方法对今天的大学生还有用吗？

中国传统文化源远流长，内容极其丰富，是中华民族的宝贵文化遗产。我们对待传统文化要秉承取其精华、去其糟粕的态度，吸收其中优秀合理的部分，并加以创造性转化和创新性发展。传统文化中的道德修养方法有许多宝贵之处，毋庸置疑对于今天的大学生是有借鉴意义的。

嵩山少林寺有一副对联："百家争理，万法一统；三教一体，九流同源。"正如南怀瑾先生所言，中国传统文化，以儒家为主流，吸纳了道家、佛教以及其他各家的思想融合而成，最鲜明的特色就是儒道佛三教合流。他的三个比喻也说明了儒道佛的不同特点。粮食是人生活的必需品，儒家是粮食店，所以是绝对不能抹杀的。在新文化运动时期提出的"打倒孔家店"口号，在当时要破除封建思想、推进新思潮的背景下，有一定的积极性，但对儒家思想以及中国传统文化的沉重打击所带来的消极后果可能到今天也没有完全消除。道家则是药店，是医治人们精神创伤的一剂良药。佛教为百货店，高兴的时候可以去逛一逛，会发现里面包含着人生思考和人生智慧。可见，对于中国传统文化而言，对于中国人的精神世界而言，儒道佛三家起到了彼此不可替代、不可或缺的重要作用。历经几千年的演变融合，儒道佛三家已相互渗透，相互同化，从某种角度看，早就已经"三教一体"了。

对于道德修养方法来说，儒道佛三家则各有千秋。南怀瑾先生认为儒家是讲入世的，勇猛精进，百折不挠，它的精义是“工作”；道家在出世入世之间，行云流水，顺其自然，它的精义是“生活”；佛家是讲出世的，似空非空，云空未必空，它的精义是“睡眠”。

《大学》说：“大学之道，在明明德，在亲民，在止于至善。……古之欲明明德于天下者，先治其国；欲治其国者，先齐其家；欲齐其家者，先修其身；欲修其身者，先正其心；欲正其心者，先诚其意；欲诚其意者，先致其知；致知在格物。物格而后知至，知至而后意诚，意诚而后心正，心正而后身修，身修而后家齐，家齐而后国治，国治而后天下平。自天子以至于庶人，壹是皆以修身为本。”在儒家文化中立德、立功、立言，“高山仰止，景行行止”，成为人格理想的典范。坚持“人皆可以为尧舜”的人格理想，追求成为一个圣贤或君子，在榜样的引导、师长的教诲下通过自身的进德修业功夫健全自我人格、提高自我精神，通过立志、好学以及躬行将自己从一个凡人提升为君子、贤人以至圣人，不仅意味着自我的实现和成就，也是齐家治国平天下的基础。对当代大学生而言，可以借鉴树立榜样、进德修业、躬行践履的道德修养方法。

老子在《道德经》里提到“孰能浊以静之，徐清”，即谁能够在浊世间慢慢修行至身心清净的境界呢？一杯浑浊的水，使它长久地平静，泥渣沉淀，这杯水就由浊转清，成为一杯清水。人心就像这样一杯水，只要能从混乱浑浊的状态下抽离出来，慢慢平静，慢慢稳定，总会回归纯粹和清明。一个人一旦心存刻意，善念也好，恶意也罢，总会牵动心绪，平起波澜。刚出生的婴儿像一张白纸，但随着年龄的增长、阅历的增加，纸上的图案越来越复杂。我们越长大，就越容易受到环境的影响，看到周围的人钩心斗角、尔虞我诈，就会不由自主地随波逐流。因此，道家强调自然而然，放弃杂念从而保持心性纯净。对当代大学生而言，可以借鉴开拓心境、提升人生境界的道德修养方法。

喜欢黄老之学的苏东坡与佛印禅师有这样一个故事。两人学识丰富、口才机敏，常常进行辩论，但佛印禅师总是略胜一筹。有一次两人对坐时，苏东坡问佛印禅师：“你看我坐着，像个什么？”“像一尊佛！”佛印禅师回答，又反问苏东坡，“你看我像什么？”苏东坡看佛印禅师穿着大袍，婆娑于地，讥讽道：“像一堆牛粪。”佛印禅师默然无言，苏东坡非常高兴，终于胜利了一次。结果回家后被聪慧的苏小妹一语道破：“万法唯心，心外无法。佛印师父心里想的是佛，所以他看你像一尊佛，哥哥你心里想的是牛粪，所以你看师父像一堆牛粪。”苏东坡惭愧不已。这种境由心生、树立良好心态的道德修养方法也可被大学生借鉴。

中国传统文化中包含丰富的道德修养方法，学思并重、省察克己、慎独自律、积善成德、知行统一等都对当代大学生有借鉴作用。一些古代道德修养方法具有浓厚的唯心主义色彩，有一定的阶级局限性，是需要摈弃的。但其中优良的道德修养方法符合道德发展的规律，如能进行创造性转化和创新性发展，必然有助于大学生提升道德修养，塑造良好品行。

个人品德和社会公德、职业道德、家庭美德的关系是什么？

邱　吉

有人认为，个人品德属于私德，是个人自己的事情，没有必要放入社会主义道德体系建设中进行讨论。如果这一认识成立的话，那当行驶在公路上的一辆汽车的司机拉开车窗将果皮和纸屑往外扔时，这是一个公德问题还是私德问题呢？民政部印发的《2015年社会服务发展统计公报》显示，2015年全国各级民政部门和婚姻登记机构共依法办理结婚登记1 224.7万对，而依法办理离婚手续的共有384.1万对，离婚造成家庭不完整，并使很多父母老无所依、儿童幼无所养，对此我们是否还认为，离婚只是个人的私人情感问题，与家庭责任无关？当一些人为追求金钱不择手段、损人利己，往奶粉里加三聚氰胺、给猪喂“瘦肉精”时，我们是否还认为这些行为与职业道德和民众生活没有任何关系？

要深入理解个人品德与社会公德、职业道德、家庭美德之间的关系，我们需要从以下几个方面入手：

一、 个人品德自身有其独立性

个人品德是个人需要遵循的自我道德原则，属于个人生活方面的道德修养。它是个人在生活中处理爱情、婚姻、家庭、朋友、邻里等关系的道德规范，是个人成长和发展的内在需要，具有自律性、实践性、综合性和稳定性等特征。在历史上，虽然不同历史阶段个人品德的内涵、基本要求和践行方式存在一定差异，但忠诚、无私、仁爱、勤奋、勇敢、诚信、知耻、节制等品质，均被视为人应该具备的共同品德。

德国哲学家康德指出，“法律管行为的结果”，而“道德管行为的动机”。

当个体行为触犯道德底线——法律时，法律将会对其采取强制性手段予以制裁；而道德的出发点是行为动机，它以预防性、规劝性、引导性等方式，通过激发个体自觉性来对自身行为加以约束和限制。由此，我们说，法律是他律的，具有强制性特点；道德是自律的，具有自觉性特征。社会公德、职业道德、家庭美德都是外在于个体而存在的道德规范，均可以归属于他律性范畴，它们都以外在的方式规范个人的思想与行为活动，而个人品德则是个体以自律慎独、自我规诫的方式规范和约束自己的思想和行为。个人品德正是由于自身所具有的这一独特性和独立性，而不能为其他三个方面的道德规范所取代。

尽管个人品德有其独特性和独立性，但它也不能由此而取代其他三方面的内容。个体始终是社会的一分子，生活在社会中。个人品德为个体在社会生活中进行自我定位与促进个体自我实现提供德行保障，为此，它需要与社会公德、职业道德、家庭美德在总体方向上保持一致性，即有利于促进国家和民族的进步、有利于促进个体与社会整体的和谐发展。这就要求个人必须将外在于自己的社会道德规范，进行较为系统的认识、了解、认同、接受、内化并在实践中不断践行，进而通过长期沉淀以形成个人稳定的品行，作为指导处理与他人、社会之间关系的重要原则和行动指南。只有这样，生活于社会中的个体，才能最大限度拓展并获得广泛的发展空间，才能不偏离国家和社会的总体发展方向，沿着正确、健康的道路发展。党的十七大报告指出，要“加强社会公德、职业道德、家庭美德、个人品德建设，发挥道德模范榜样作用，引导人们自觉履行法定义务、社会责任、家庭责任”。这是党的报告首次将个人品德与社会公德、职业道德、家庭美德一起，纳入社会主义公民道德建设之中，作为社会主义道德建设体系的重要组成部分，足以见其重要性。

二、 个人品德是社会主义道德体系建设的逻辑起点

从理论逻辑上讲，社会的基本结构分层主要包括社会、国家、行业、家庭和个人等方面，由此，反映社会道德要求的主要内容也应该包括上述几个方面。但在提出具体的道德规范要求时，国家和社会在很多方面的要求是一致的，所反映的问题都是涉及公共利益的问题，因此，整合之后，社会道德的基本内容便可概括为四个方面，即社会公德、职业道德、家庭美德和个人品德。这四个方面共同存在，才是社会主义道德体系建设内容的应有表达，

缺失任何一个方面，它都是不完整的、不系统的、不全面的，也是不规范、不客观和不科学的。四者之间相互联系、相互促进，才能共同推进全社会向协同发展迈进。

社会公德是社会公共生活中的道德规范，适用于社会全体成员，具有普遍性与基础性特征。它涉及人的社会生活、工作的各个层面，是人应该遵循的一般性规范，适用于所有社会成员，是社会道德体系中的基本道德规范。它包括文明礼貌、助人为乐、爱护公物、保护环境、遵纪守法等内容。职业道德是在岗位工作范围内所有从业人员需要遵守的基本岗位要求和行业规范，具有专业性特征。它不仅是对每一个个体工作岗位上的要求，也是规范各行各业的普遍原则，是处理从业人员个体、行业内从业者之间、行业之间、行业与服务对象之间关系的基本规范。它包括爱岗敬业、诚实守信、办事公道、服务群众、奉献社会等内容。家庭美德是每个公民在家庭生活领域的基本行为准则。家庭美德涵盖了夫妻、长幼、邻里之间的关系，对促进家庭感情、改善社会风气都具有重要的意义。尊老爱幼、男女平等、夫妻和睦、勤俭持家、邻里团结是家庭美德的重要内容。而个人品德则是一定社会或阶级的道德原则和道德规范在个人思想和行为中的体现，是个体在其思想和行为中表现出的长期的、稳定的倾向。它通过社会道德教育和自我修养逐步形成，表现为个体对社会道德要求的认同、道德情感的自我表达和道德规范的切实践行。

社会道德、职业道德、家庭美德是个体在公共生活领域的道德原则。社会道德的变革离不开个人品德的支持和推动，如果缺失个人品德的参与和支持，社会道德的变革就会失去现实力量；社会道德的发展进步也必须依赖个人品德的提升，如果离开了个人品德的提升和个体道德能动性的激发，社会道德便成为无源之水、无本之木，失去动力和生命力。“离开了每个个体，所谓‘社会’、‘组织’、‘家庭’究竟是谁？……他们作为群体主体何以进行道德建设？……无视个体主体和个人品德，是否会在无形与无意中使个体主体从道德建设中退场？而个体主体不在场的道德建设何以进行？”因此，如果放弃个人品德的建构，社会主义道德体系建设就会失去其支撑点和落脚点。从这个意义上讲，个人品德与社会其他外在道德规范是道德建设中一体两面的问题，它们之间相互促进、相互转化，共同发挥作用，方可使社会安定有序。

三、 个人品德是中国传统社会道德建设的核心内容

中国传统社会对个人品德极为重视，尤其是长达两千多年的封建社会，

可以用“道德化的社会”来形容和描述。这个“道德化的社会”是依据“道德化的治理”来实现的。其基本步骤是通过“贤人政治”“清官政治”“血缘家族管理”等达成的，进而形成了在世界历史上都极为独特的“家国同构”治理模式。这一模式在很大程度上也是巩固和维系中国两千多年封建社会的重要原因。这一模式强调个体品德对人安身立命的重要性，认为人要在人群中和谐生活必须“立德修身”。儒家倡导自省、慎独、崇礼、知耻、力行等观念和修身方法，并将其提升到“国家之塞也”的高度去看待，把个人品德修养和操守视为社会道德整体的内部条件和基础。这一模式除了对巩固和稳定中国封建社会起到积极作用外，在道德建设上，也带来制约社会发展的两种结果：一方面，全社会对个人品德都极为重视和关注，甚至在很大程度上把个人道德放大到可以替代其他道德的程度；另一方面，社会的公共道德和职业道德相对被忽视，公共责任被忽略，“各人自扫门前雪，莫管他人瓦上霜”便是此状态的写照。当然，导致这一现象的根本原因，不是道德建设本身的问题，而是以自然经济为基础的农耕社会公共生活不发达，以至民众“公共为何物”，进而“公德为何物”的意识也很淡漠。这是中国古代社会道德建设中存在的弊端和不足。

四、从对西方后现代主义思潮影响的反思看，强调个人品德是对人本价值的回归

西方后现代主义是当代社会思潮中影响最大也是最为复杂的一种思潮。其突出特征是运用非理性主义打破理性主义的统治，用个体的情感、个体体验和自我想象去打破“权威”“本质”“中心”。运用非理性解构过去的一切理念（如柏拉图的“理念”）、原理（笛卡儿的“第一原理”）、精神（黑格尔的“绝对精神”），以模糊性和不确定性替代确定性，用多元代替一元；后现代主义认为“中心”不存在，世界并不是一个统一的整体，而是“零散的”“碎片化的”“片段式的”。因此，人不应也不可能追求“明确的”“中心的”“本质的”事物，而应该追求“非中心的”“现象的”“不确定的”“不可表达的”东西。因此，后现代主义的实质是反理性主义、反基础主义和反中心主义。它对社会道德建设的影响具有双重性：一方面，它的非理性主义色彩和对多元性的强调，对促进个体能动性、创造性的发展具有积极意义，对道德教育重视个体内在情感需要、激发个性、重视个体的主体价值等具有启迪作用；另一方面，他对统一的社会规范的否定、对一切基础性和规律性的评判

以及对“不确定性”和“碎片化”的追求，必然导致个体对社会整体的否定和评判，这种通过张扬个性而毁灭个性所带来的深重灾难是：漠视个体的社会责任和家庭责任，否定生命的“终极价值”以及否定对“终极价值”的追求等。如此怀疑一切、解构权威、游戏人生的倾向，如果贯彻于社会现实，最终必将在整体上使社会陷入混乱无序。因此，我们的社会将个人品德纳入社会道德体系建设，正是为了规避上述流弊，使社会发展和人类生活能够行走在一条正确的道路上。

五、 个人品德是个体成人与自我实现的需要

从践行要求角度看，个人品德要求个体回答以下三个方面的问题：一是如何对待自己，即在没人监督、没人提醒的时候，自己如何对待自己。它包括个体对自己有没有最基本的约束能力，有没有养成基本的文明习惯，有没有克服不良习惯的能力；有没有进行自我反思的意识；有没有保持一个健康的身心状态，而不是自我欺骗、自我鄙视，或自夸、自虐、自我放纵。二是如何对待他人。一个人对待家人、亲友的态度也是个人品德的重要标志。一个人能否理智、文明、文雅、温和、稳定地善待父母、夫妻、儿女，是衡量一个人是否具有良好品德的主要标准。其他的衡量标准包括对待朋友是否真实，不虚伪、不造作、不嫉妒、不诽谤、不造谣；对别人的隐私不说破、不揭露；尊重他人的选择，容纳他人的存在，允许他人与自己的不同；等等。三是如何对待社会，即在面对社会的时候，不见风使舵，做事有原则；行为以法律为底线，遵守公共条例和相关法律规范；具有基本的职业操守；维护集体、国家、民族和社会的公共利益；等等。

只有做到上述三个方面，个体才能成为一个具有独立思想和独立精神的“独立人”。只有做到上述要求，个体才能在家庭中，维护好家庭关系，成为具有担当精神的“家人”。身为儿女，做到孝顺长辈，友爱兄弟姐妹；身为夫妻，做到相爱和睦，同舟共济；身为父母，做到以身作则，育儿敬老。如此，家庭才能和谐稳定。只有做到上述要求，个体才能成为一个能够承担其职业责任的合格“职业人”，对工作爱岗敬业、诚实守信、办事公道，对同事团结互助、互相尊重，通过出色地做好本职工作，在职业生涯中实现自我价值和社会价值。如此，坑蒙拐骗、违规操作、假冒伪劣等现象才能从根本得到抑制，企业所生产的产品才可能是放心产品。只有做到了上述要求，个体才能在社会各个领域中履行公民的基本义务和社会责任，成为一个被社会

接纳和认同的“社会人”。如此，随地吐痰、乱扔垃圾、“中国式过马路”、破坏公物等现象才能得到有效治理。

从“独立人”到“家人”“职业人”再到“社会人”，是社会个体成长的必经阶段。从个人自我意识的觉醒，到适应家庭角色、职业角色，最后成为真正的“社会人”，都需要道德的指引与约束。从个人品德到家庭道德、职业道德再到社会道德的内容，不仅是由内而外、从个体到他人的扩展，而且也是从具体行为约束到自觉遵循和践行社会规范的过程，是一个人成人和成才的过程。因此，个人品德是个体安身立命之本，缺乏之，则这个人无以为人、无以立足。“修身”是“齐家”“治国”“平天下”的第一课，如果不强调修身，直接进入“治国”“平天下”，所带来的后果是难以想象的，今天被打落的“苍蝇”“老虎”已经说明这个问题。所以，《大学》强调“自天子以至于庶人，壹是皆以修身为本”。

爱情到底是什么？面对现实，我们的爱情还能走多远？

贾雪丽

场景一："麦当劳超有爱广告——让我们好在一起"。晚饭后的室外阳台，站着刚刚参加工作的一对年轻情侣。男主人公向女孩规划着未来的生活："等我得到了这份工作，我们就换一间好一点的房子，再买一辆车。"女孩高兴地回应着。恰在此时，一辆豪车经过楼下，男主人公的满脸笑容瞬间凝固。女孩感到了男孩的变化，靠在男孩的臂弯，温柔地说："他有房、有车，可他没有我。"

场景二：交友娱乐节目《非诚勿扰》现场。一位男嘉宾问马诺："你喜欢和我一起骑自行车逛街吗？"马诺毫不犹豫地回答："我还是坐在宝马里边哭吧……"至此，马诺成为"拜金女"的代名词。一场关于要面包还是要爱情的争论，一时间成为网络争论的主题。

罗密欧与朱丽叶至死不渝的爱情，表达了人们对这一情感的崇高敬意和无限向往。可在房子、车子、距离等现实问题面前，它有时又显得那么脆弱。到底什么是爱情？要面包还是要爱情？面对现实，我们还能携手走多远？

爱情是人类最美好的情感之一，是男女之间基于共同的生活理想，在各自内心形成的相互倾慕，并渴望对方成为自己终身伴侣的一种强烈、纯真、专一的感情。爱情是古老而常新的人生话题，也是自古以来文学作品的重要主题。钱锺书曾写给杨绛先生一段很美的文字来形容什么是爱情："没遇到你之前，我没想过结婚，遇见你，结婚这事我没想过和别人。"

恋爱是指男女双方在培养爱情的过程中或在爱情基础上进行的相互交往活动。恋爱关系是一种人际交往方式，是社会关系的重要组成部分，必然受到社会道德规范和道德原则的约束。恋爱是确立婚姻关系的前奏，而良好的恋爱关系又是建立和谐家庭关系的基础，这就要求我们必须正确认识和遵守恋爱道德规范，承担恋爱的道德责任。

人格平等是确立恋爱关系的前提。舒婷在《致橡树》中写道：我如果爱你——绝不像攀援的凌霄花，借你的高枝炫耀自己；我如果爱你——绝不学痴情的鸟儿，为绿荫重复单调的歌曲。电影《傲慢与偏见》中，性格倔强的伊丽莎白坚决拒绝了男主人公的求婚，她认为这样的爱情是不平等的，甚至是对她本人及其家人的侮辱。因为在男主人公看来，为了与伊丽莎白相爱，他必须与世俗的看法、家族的期望坚决对抗，必须完全抛开伊丽莎白的身世和阶级，而这些外界因素让他倍感痛苦。恋爱双方在人格上是独立和平等的，把对方当作自己的附庸或完全依附于对方，都是对爱情的曲解。

恋爱双方在相互关系上也是平等的，都有给予爱、接受爱和拒绝爱的自由。爱情是两情相悦，但并非所有的爱情都天长地久，都能修成正果。强扭的瓜不甜，强迫的爱只会伤人害己。比如，因为恋爱不成分手后，惨遭对方人身伤害甚至杀害的案件不时见诸报端。还有重庆某大学教师制定的所谓“高校恋爱条例”，其中的“严禁使用烟花爆竹等易燃易爆物品进行表白，表白不成仁义在，不得霸王硬上弓，分手后不得产生报复心理”等趣味条款被网友热议的同时，也反映了时下的大学生在处理恋爱关系时，容易冲动和忽略他人感受，喜欢将自己的意愿强加于别人。部分学生心灵脆弱、抗挫折意识较差，一旦遇到感情问题，往往无所适从。因此，即使恋爱的双方最终分手了，也要理智对待，要给对方留下好的印象，而不能互相伤害。

一味地索取，不是真正的爱情。自觉地为对方承担责任，才是爱情的本质。西方婚礼誓词中写道：无论是顺境还是逆境、富裕还是贫穷、健康还是疾病、快乐还是忧愁，我将永远爱着你、珍惜你，对你忠实，直到永远。这段誓词不仅适用于婚姻中的夫妻双方，同样适用于恋爱中的男女。2016 年 8 月 5 日，长春某饭店举行了一场特殊的婚礼，憨厚善良的小伙子鲍涛迎娶了相恋五年的女友魏平。这原本是一场温馨浪漫而又普通的婚礼，新郎新娘从相识、相知、相恋到瓜熟蒂落，走进婚姻殿堂，一切都是那么地自然美好。可这又是一场不寻常不普通的婚礼，年轻的新娘魏平在婚礼前夕被确诊患上了肝癌晚期，病魔在几天的时间里几乎将这位年轻的姑娘击垮。而对于男友鲍涛来说，他怎么也不愿意相信和接受女友将离他而去的事实。直至魏平生命进入倒计时，鲍涛从未离开也从未想过要离开女友，他始终守护在女友的身边，而且一定要给女友穿上婚纱。鲍涛和魏平的爱情故事感动了很多人，在好心人的帮助下，他们举行了婚礼。新郎履行了承诺，与女友结为夫妻。

相对于“等闲变却故人心”，我们更渴望“人生若只如初见”。

爱情不是单纯的山盟海誓、花前月下，而是要互相体贴爱护，始终做对方的坚强后盾，无论遇到什么样的困难，都能为爱人挺身而出，都能不离不弃。爱是一种能力，更是一种责任，失去责任呵护浇灌的爱情之花终会枯萎。同时，爱情作为人类的一种情感，具有强烈的排他性和专一性。校园爱情永远是大学校园最亮丽的一道风景。大学生或多或少都会对美好的爱情有别样的憧憬，但大学生年纪轻，思想不成熟，社会经验较少，易受周围环境的影响和左右，有些学生要么弄不清楚爱情和友情的关系，要么容易产生朝三暮四的不良想法。这些行为，不仅会影响同学之间的友谊，也伤害了恋人间的信任。比如，当下很多广受年轻人追捧的大众影视作品，虽以青年男女的恋爱为主线，却多以三角恋、多角恋，甚至“小三上位”“霸道总裁”“一夜情”等冲破社会道德底线的内容为矛盾点展开叙事。广大青年尤其是大学生正处于价值观、爱情观形成和确立的敏感期和关键期，追剧又已经成为很多年轻人重要的休闲方式，年轻人被故事情节深深吸引的同时，也容易效仿主人公处理感情问题和恋人关系的方式。

有的学生认为没车、没房、没钻戒的“裸婚”更多的是情绪激动，是在没有进行理性判断基础上的冲动行为。有的学生虽然不接受自己“裸婚”，但对别人的“裸婚”选择表示理解。但也有很多学生对此观点嗤之以鼻，他们相信只要有爱情在，面包一定会有的。爱情很丰满，现实很骨感。物质欲求面前，要面包还是要爱情，是当下每一对情侣都必须面对的问题。不可否认，拥有一定的物质基础和物质条件，可以减轻婚姻生活的压力，可以让爱情更加从容。可谁说经历了风雨的爱情之花，就一定枯萎而不是更加绚烂呢？

马克思的妻子燕妮美丽又贤惠，虽出身贵族，但与马克思始终同甘苦、共患难。马克思取得的举世瞩目的成就，与燕妮无怨无悔的付出分不开。马克思在给妻子的信中写道：“我的爱情就是如此。只要我们一为空间所分隔，我就立即明白，时间之于我的爱情正如阳光雨露之于植物——使其滋长。我对你的爱情，只要你远离我身边，就会显出它的本来面目，像巨人一样的面目。在这爱情上集中了我的所有精力和全部感情。我又一次感到自己是一个真正的人，因为我感到了一种强烈的热情。”读着马克思写给夫人燕妮的信，似乎感觉到了阵阵的暖流涌上心头，那种真挚的爱情，是人世间的至真、至诚、至爱。爱情是质朴的，也可以是伟大的，真心相爱的两个人，只要同心同德，暂时的物质缺乏又算得了什么呢？

诚然，爱情是美好的，拥有一份学生时代的纯真爱情是很多大学生的向往。但对于大学生来讲，爱情并不是生活的全部，大学生活是如此丰富，如此精彩，我们应该在学习中不断提高生命的质量，而不是在“卿卿我我”中沉沦。爱情来了，我们以诚相待；爱情走了，我们坦然接受。遇到困难考验，我们手牵手，肩并肩，不轻言放弃；不再相爱，我们放手祝福，不纠结伤害。我们应始终相信，每段爱情都是生命的过往，都会让我们的生命变得更有温度。

如何理解“电车难题”所带来的道德争议与分析?

袁和静

“电车难题”(trolley problem)是伦理学领域最为知名的思想实验之一,在哲学、心理学特别是道德层面一直存在很大的争议,直到今天依然在困惑着我们。它的设计者与提出者是谁?行动者到底是在一种什么样的两难境地中挣扎却无法抉择?每一个行为背后的理论支持原则是什么?这种困境是否仅在思想中才出现,我们在现实中压根就不会面临这样的场景?对其进行理论的思辨与现实的分析是否有必要?

带着这些疑问,我们先来看一下何谓“电车难题”。“电车难题”最早由哲学家菲莉帕·富特(Philippa Foot)于1967年发表的《堕胎问题和教条双重影响》论文中提出,后来经过美国麻省理工学院著名道德哲学家朱迪思·贾维斯·汤姆森(Judith Jarvis Thomson)等人的发展逐步引起学界重视。“电车难题”的具体情形是这样的:假设你是一辆有轨电车的司机,电车正以每小时60英里的速度沿着轨道疾驰,此时你在前行中遇见5位施工者,但是路面狭窄,两边是陡峭的山谷,为避免伤到5人你必须立即停车,但是此时刹车失灵。你感到无比绝望,因为如果冲向5人的话,他们将全部被撞死。这时,你突然发现有一条向右的岔道,你可以不必直行从而使5人获救。不幸的是,岔道中正好有一人,他同样不能立即躲避突如其来的厄运,如果你转换方向将导致此人死亡。那么,转变电车方向是道德所允许的吗?这一著名的伦理学思想实验一直困惑着很多人,它背后的道德原则到底是什么,是否足以解释和支撑我们的行为,这是需要长久思考的问题。

试想一下,牺牲一个人的生命挽救五个人的生命,从数量上来分析确实可以行得通,可以认为是应当的事情,它背后的理论原则支持就是最大幸福原则,即以最大多数人的幸福最大化为基本原则,牺牲一人挽救五人是合理的。这一理论的代表人物是杰里米·边沁（Jeremy Bentham）。边沁是英国道德哲学家与法律改革者，创立了功利主义学说，认为道德的最高原则就是使得幸福最大化，使快乐总体上超过痛苦。这一原则不仅仅是个人道德选择的依据，同时也是政府、立法者的价值原则，政府在决定制定什么样的法律和政策时，应当做任何能够使作为整体的共同体的幸福最大化的事情。边沁认为他所设计的道德原则提供了一种道德科学，可以作为政治改革的基础。为此，边沁设计了很多计划以使得政策更有效、更合理、更人性化，比如建立环形监狱、设置集体乞丐、分配房屋设施等，他意在通过减少社会功利促进整体福利。

那么边沁的道德价值原则是否就是完美的呢？边沁这一理论受到了反驳，最主要的理由就是认为功利主义原则没有尊重每一位个体的权利，仅考虑利益、效果、幸福、快乐的最大化，会忽略个体权利，甚至可能恣意践踏个体。另一个反驳的理由就是，尽管功利主义提供了一种基于衡量、计算与合理的道德科学，然而问题是：是否存在同一种尺度，犹如通用货币一样来衡量每个人的偏好与幸福？是否所有的价值都能被转换成货币术语？

我们在现实中是否会遇到此类问题？下面我们来看一个真实的案例——阿富汗的牧羊人。[①] 2005 年 6 月，一个由美国海军士官马库斯·勒特雷尔（Marcus Luttrell）和其他三名海豹突击队队员所组成的特殊军事小组，在阿富汗境内靠近巴基斯坦边界的地方，进行一项秘密的前期勘察任务：寻找一名塔利班领导人，他是奥萨姆·本·拉登的亲信之一。情报显示，他们的目标是率领 140～150 名全副武装的战斗者，藏匿在山区禁地的一个小村庄内。

这一特殊军事小组在山脊上占据了一个位置并俯瞰那个村庄，突然，两名阿富汗农民赶着上百只咩咩叫着的羊，和他们撞了个正着。他们还带着一个约 14 岁的小男孩。这些阿富汗人没有武器，美国士兵用步枪对准他们，命令他们坐在地上，接着便开始讨论如何处理这几个人。一方面，这些牧羊人是手无寸铁的平民；另一方面，如果放他们走，就会冒这样的危险——他们可能会告诉塔利班分子，有一帮美国士兵在这里。

当四名士兵仔细考虑他们的可选择余地时，他们意识到自己没有带绳索。因此，捆住这几个阿富汗人以争取时间找到另一个藏身之处的办法，在此时并不可行。他们仅有的选择就是，要么杀了他们，要么放他们走。

---

① 桑德尔．公正．朱慧玲，译．北京：中信出版社，2011：25－28.

勒特雷尔的一名战友认为要杀掉这些牧羊人：“我们是在敌后执行任务的现役军人，受高级长官的委派来到这里。我们有权做任何事情来挽救我们自己的生命。一个军人将如何做出选择，这一点显而易见，放走他们是不对的。”勒特雷尔难以抉择。他在回忆录里这样写道：“从我的内心深处，我知道战友说得对，我们不能放走他们。可是问题在于，我还有另外一个灵魂，我的基督徒灵魂。它一直向我施压，有个东西在我的灵魂深处不停地告诉我：杀害这几个手无寸铁的人是不对的。”勒特雷尔没有说明他所说的基督徒灵魂是什么意思，然而在最后，他的良心不允许他杀害这些牧羊人。他投了决定性的一票，放走了他们。（他三个战友中有一个弃权了。）正是这一票，让他后来无比悔恨。

在他们释放那几个牧羊人一个半小时以后，这 4 名士兵发现自己被 80～100 名手持 AK-47 和火箭筒的塔利班分子所包围。在接下来的那场惨烈的战斗中，勒特雷尔的三名战友都遇难了，塔利班分子还击落了一架试图解救该海豹突击队的直升机，机上 16 名士兵全部遇难。勒特雷尔身受重伤，他跳下山坡并爬行了 7 英里，来到一个普什图人的村庄。那里的居民保护着他，不让他落入塔利班分子之手，直到他获救。

在回忆录中，勒特雷尔谴责自己所投的赞成不杀那些牧羊人的一票，他曾写道：这是我一生当中所做出的最愚蠢、最糊涂、最笨的决定。我当时一定是脑子出问题了。我投了这样一票，而我实际上知道这是签下我们的死亡执行令……至少，当我回顾这些的时候我是这样认为的……决定性的那一票是我投的，它会一直困扰着我，直到我栖息在东得克萨斯的一座坟墓里。

这一案例真实鲜活地展现了道德困境的选择难题，无论多么遗憾与懊恼，勒特雷尔都无法重新选择，留下的是他永远的自我谴责与无限伤痛。那么如何走出道德困境？对此我们是否需要进一步重新审视与思考？这是我们要认真思索的问题。

尽管我们很少会遇到电车难题与阿富汗牧羊人那样的场景，然而我们依然需要认真审视这种问题，因为它可以说明道德论证与思考在我们每一个人的生活中的作用，以及在公共领域中的存在与展开方式。当我们面临一个道德困境时，我们会产生道德反思，反思那些支持的理由与反驳的原因，反思自己的信念甚至信仰。在反思的过程中，我们会感受一种困惑的压力与选择的迷茫，而在困惑与迷茫中又会特别想走出道德困境。这便是一种哲学的冲动与现实的观照，这便是道德反思的力量，这便是理论的魅力与思辨的延伸。

我们每一个人都需要在道德反思中提升自己，认清现实。所谓道德反思，可以看作理论的思考，让我们在道德困境面前调整自我的价值判断，思考对错与否、合理与否、公正与否的理由，思考我们内心拥护与支持的价值原则，在新的道德场景下重新审视各种判断与原则争论，左思右想，不断修正。这种从道德行动事实到理性王国的思考进程，这种思想的转变与升华，就是道德反思的力量。当然，道德反思不仅仅是一种自我追求，道德反思还是一种公众的共同努力，在现实争论中，在公共事件中，在公众困惑中，影响现实，并进一步改变现实。这也许就是道德反思的深层力量。

如何通过“斯坦福监狱实验”分析环境对个人道德的影响？

袁和静

菲利普·乔治·津巴多（Philip George Zimbardo），美国心理学家、斯坦福大学退休教授，美国心理学会（APA）前主席。1968年起任斯坦福大学的心理学教授，1971年主持开展了震惊世界的“斯坦福监狱实验”。这个实验引起了道德上的巨大争议，提供了对于人性的重要洞察。2011年，美国《科学》杂志特别发表文章纪念这个著名的实验。对于这个实验，我们要思考：是什么让一个人变得邪恶？一个健康的好人，从来没有什么前科，为什么会犯下诸多恶行？是环境改变了一个人吗？一个人的道德意志是否也会改变环境？

先来看“斯坦福监狱实验”的设计过程。津巴多在斯坦福大学心理学系地下室建立模拟监狱，征募性格鲜明的年轻男子，他们之前没有任何犯罪前科，并顺利通过正常心理学测试。实验目的在于看被挑选出来的最健康、最正常的普通人如何应对自己正常身份的彻底改变。实验计划持续两个星期，津巴多细致地观测这些志愿者在监狱中的角色产生的交互影响。志愿者每天能得到15美元（相当于今天的75美元）的报酬。

首先随机指派一半人扮演“囚犯”，另一半人充当“狱警”。“囚犯”们被采集指纹、蒙上眼、关进监狱，剥光衣服、搜身、去虱子、理发、拿到囚服、得到一个号码，并在一只脚上拴上链子。另外的被试变成了身穿警服、手持木棍的“狱警”。开始一切都很正常，第二天，“囚犯”们对于被监禁做出了反抗。第一个“囚犯”开始爆发，在之后的第一个36小时，他大声尖叫着，在6天之内，其他4名“囚犯”也跟随了他的领导，很快大家都进入一个新的角色，而并未意识到这仅是一场游戏。“狱警”们迅速而残忍地采取了措施。他们把“囚犯”全身扒光，搬走了“囚犯”的床，把这次反抗的头目拉去关了禁闭，并且开始骚扰“囚犯”。“狱警”在“囚犯”的不顺从下感受到了威胁，开始研究训练“囚犯”的方法，比如：随机进行检查、减少洗浴特权、语言辱骂、剥夺睡觉权利以及扣发食物。不久之后“囚犯”们开始无条件地服从“狱警”。经过了仅仅几天逼真的角色扮演之后，被试报告说他们之前的身份似乎已经完全被抹去了。他们成了自己在监狱中的号码。同样的情况也发生在“狱警”们的身上，他们辱骂并且虐待自己的“囚犯”。仅仅度过了 6 天，之前快乐单纯的大学生通过实验竟变成了愠怒的“囚犯”和残酷成性的“狱警”。

此时，津巴多发现许多事情已失控。他忙于应对管理“监狱”时每天所遇到的危机，而忘记了实验的目的。直到他的一位同事干预实验后，实验才被停止。实验预计要进行 14 天，不过总共只持续了 6 天。之前是和平主义者的年轻人在作为“狱警”的过程中侮辱并且在身体上攻击“囚犯”，甚至有报道说个别人很享受这个过程。与此同时，“囚犯”们很快显示出典型的情绪崩溃的征兆。其中 5 人甚至在实验提前结束之前就不得不离开。第 7 天早上，津多巴召开会议，让他们各自回家。“囚犯”被释放时感到明显的轻松自如，而那些“狱警”却显得不安。他们已完全喜欢上自己新的权力，并不希望放弃。

社会心理学认为，一个人之所以会犯罪，会变得很变态并不是这个人的性格特质的问题。相反，一个非常善良的、平常非常温厚的人也可能是个凶手。是一些情景，是某种情景、某种环境、某种背景使得一个人为恶，使得一个人忽然堕落。

“囚犯”：由于遭受了剧烈的心理冲击，从最开始的反抗逐渐变得软弱、无助、依赖、抑郁、易怒。一些人乞求退出，而另一些人已习惯于盲目服从“狱警”的不公平的权威。

“狱警”：开始习惯于他们的所作所为，毫无负罪感可言，越来越具有虐待“囚犯”的倾向，并对自己的行为导致“囚犯”的痛苦熟视无睹。还设计前所未有的方式多次虐待、侵犯“囚犯”，没有人阻止和投诉其所目击的权力滥用。

“监狱长”：在实验开始的时候，津巴多将自己的角色设置为“监狱长”，事实上是观察者，但到最后他失去了对实验准确和客观的追求。

结论：“路西法效应”，即环境的变化，使得平凡的好人做出了极端邪恶的事情。环境对人行为的影响力，比大多数人想象的强大得多。

客观环境对于个体道德的影响到底有多大？通过实验可以看出，有时候环境对于人的影响会超过自我的影响，乔治·艾略特曾说：“就所有的生物而言，即使最强烈的内在本质，在很大程度上也是由其所处的外部环境造成的。”人贵有自我，而自我又往往拘泥于环境之中。在“斯坦福监狱实验”中，“狱警”和“囚犯”的身份其实都是通过抛硬币随机决定的。但是实验到了后来，每个人都适应并合理地诠释着自己的角色，而不仅仅是扮演，甚至连首席研究人员津巴多也承认自己沉浸在了“监狱长”的角色中。事实上，津巴多相信这次实验最为有效的结果就是他自己被转化为一个讲究制度的人物形象——更注重监狱的安全，而不是被试的福利。从实验中我们可以看到，大多数“囚犯”尝试过反抗，但是在“狱警”的责罚下，最终选择了服从。他们之所以做出这样的选择，其实是一种没有选择的选择。服从于环境，并不等同于屈服于环境，而是受环境所束缚。这是环境对人的影响会超过自我的影响的情况之一。

另一种情况在“狱警”的身上表现得尤其充分。实验的参与者明确被表示为心理健康的学生。可是一个举止礼貌、为人亲和的人，换上制服后却完全变换了模样。除了角色的需要之外，我想，更是这样的监狱环境，滋养了他们内心的掌控欲，使他们违背了自己的道德初衷，让他们一度失去自我把持，以至成为后来对“囚犯”实施各项变态折磨的残酷“狱警”。

环境对人的影响会超过自我的影响，一部分是由于环境力量的强大性，让人从时间、空间上受制于它；另一部分是由于环境对人的塑造性，它磨灭人的意识，摧毁人的道德根基，让人变得麻木，进而顺服。

个体道德是否应该对于客观环境有所回应？有没有案例可以说明？同样是关在监狱之中，我想到了《肖申克的救赎》中的安迪和受尽牢狱之灾的曼德拉。可能大家对安迪这个人的真实性存在一些怀疑，但是曼德拉想必大家都听说过。1918 年出生的曼德拉，曾在监狱呆了 27 年。曼德拉的不同之处在于他独特的人格魅力，他甚至能够说服狱警，使他们成为自己的追随者，以至当局每隔一个月变换一次狱警。在遭遇丧母丧子之痛后，他依然顽强地挺了过来，坚持每天锻炼身体。正是他的强大的内心，不懈的坚持，才使他走出了监狱，最终当选南非总统，实现了自我的追求。曼德拉的例子，似乎向世人证明着，只要自我足够强大，就可以改造环境。

但不是每一个人都会取得曼德拉式的成功。倘若在一个布道者的身后，没有一群信徒，那么这个布道者也仅仅是独立了自我。而我们又知道，自我身处环境之中，受环境所制。所以我们首先要坚定自我，守住道德信仰，坚守道德根基，同时也需要带动影响他人，借助外部事物的力量，去撼动环境、改造环境，最终真正地超越环境。

2016 年 4 月 12 日下午，北京大学百周年纪念讲堂观众厅座无虚席，盛况空前。83 岁的津巴多在这里发表了主题为《从恶魔到英雄之路》的精彩演讲。这是他第一次来中国。津巴多教授以中国“小悦悦”的事例解释了心理学中的“旁观者效应”。他说，所有人都保持观望，也许大家都怪罪没有出现一位英雄，但他们不知道的是，自己的观望也会使整个群体变得“消极服从”。津巴多认为，我们等待的英雄就是自己。津巴多对英雄的理解是：从个人中心转向社会中心，避免冲动型英雄之举而追求思考型英雄之举。接下来，他列举了美国黑人民权运动领导者罗莎·帕克斯、揭露美国监听丑闻的斯诺登、中国汶川救灾英雄林浩等人的例子来说明每个人都可以成为英雄，每个英雄都应该有所行动。

在现代社会，道德正在以什么样的力量支持社会的发展？道德到底能发挥多大的力量？

袁和静

从南京彭宇案到天津许云鹤案，好人未得好报的阴霾笼罩在社会上空，因关爱之心、互助之情对老人施救却遭诬陷的事件接二连三刺痛公众与社会的神经，道德底线、社会良知受到冲击，“跌倒老人该不该施救”成为社会广泛热议的主题，更有网上“没有十万元，千万别扶老太太”的戏谑之语。我们的生活中充斥着关于道德不道德、公正不公正、合理不合理的争论，比如腐败行为的涌现、贫富不均与阶层差别的事实、社会道德意识淡薄的环境、审美变化与价值分辨的误区等等，这是什么原因？它仅仅是国家、政府的事情还是我们每个人需要思考的问题？我们进一步思考，在现代社会，道德正在以什么样的力量支持社会的发展？道德到底能发挥多大的力量？

我们说道德很“大”又很“小”。说道德很“大”，是因为它凝结着民族性格，展示着社会文明，构筑着一个国家、一个民族持续发展的基础。说道德很“小”，是因为它时时体现在我们的一言一行中，真切地影响着我们的生活质量。一方面，道德是一个国家长久发展的根基，国家社会治理、公共秩序稳定、人际关系处理、政府信任打造等都需要价值根基与道德准则，在道德提升中不断修正社会发展裂痕，改善人际关系冷漠，守住民族精神家园，培育民族意识和民族精神。另一方面，道德又是个体不断成长进步的核心竞争力，超越于知识、权力、地位等要素。

道德是国家治理的重要内容。党的十八届三中全会提出，“全面深化改革的总目标是完善和发展中国特色社会主义制度，推进国家治理体系和治理能力现代化”。党的十八届四中全会以依法治国为主题，清晰勾画出法治框架与治理图景，具有纲举目张的作用，意味着国家上下在治国思路和执政党、政府职能定位方面已进入“依法治国”的语境之中，依法治国上升到了治国理政战略的新高度，进行以法治为主导与核心的国家治理体系的全面建设阶段。然而，在多元复杂式治理体系与多维复合式国家治理能力中，道德问题与伦理建设亦不能忽视，同样是国家治理体系建设的重中之重。因为正如罗国杰教授所言："加强道德建设，对形成追求高尚、激励先进的良好的社会风气，保证社会主义市场经济的健康发展，促进整个民族素质的提高，全面推进中国特色社会主义伟大事业，具有十分重要的意义。"

国家治理体系包括"政治权力系统、社会组织系统、市场经济系统、宪法法律系统、思想文化系统等"，其中法律和道德是国家治理体系中的两个核心要素，两者关系密切，共同致力于国家治理的良序运行。法律和道德，法治和德治，确如车之两轮、鸟之双翼，一个靠国家强力机器的强制和威严，一个靠人们的内心信念和社会舆论，其目的都是调节社会关系、维护社会稳定，对于一个正常社会的健康运行，各自起着独特的、不可替代的作用。因此，它们只有相辅相成、相得益彰，才能确保社会调节手段的完备和有效。因为，德治是法治效果呈现的内在价值根基，法治体系必须有道德基础，特别是法治规范的内容要体现道德需要、人民利益和公正价值。法治的立法、实施、公正、权威都离不开道德底蕴、道德准则与价值支撑，同时法治队伍的道德修养水平、全面守法的社会道德氛围、完善的道德教育模式等都会影响法治的实施效果。因此，国家治理与长远发展离不开道德支撑。

道德不仅是国家治理的重要内容，也是个人发展的核心竞争力。马克思和恩格斯在《德意志意识形态》中说过："作为**确定的人**，现实的**人**，**你**就有**规定**，就有使命，就有任务，至于**你**是否意识到这一点，那都是无所谓的。这个任务是由于你的需要及其与现存世界的联系而产生的。"因此，一个人的发展离不开社会关系，然而一个人要想在社会关系中立足站稳，不得不树立良好的道德。可以说，道德是个人发展的核心竞争力，是个人的"可持续发展"的必备条件，是处理好社会关系的重要筹码。因为，个人的发展永远都离不开社会的关爱与帮助，同时个人也是集体的重要一分子。在处理个人与他人的关系上，应坚持以下原则：自尊自爱、平等互助、团结友爱、诚信宽容、合作互利等。俗话说，"退一步海阔天空，让几分心平气和"，与他人相处需要豁达谦让的心境，日常生活中，应学会换位思考与正确定位，多体会他人的感受与立场，做出最佳判断与选择。这些都是个人发展与进步的必备素质。

孟子曰："乍见孺子将入于井，皆有怵惕恻隐之心"，"无恻隐之心，非人也"。早在两千多年前，古人就懂得恻隐之心属于道德良知，然而在今天，最基本的良知与尊老行为却成为怀疑讨论的话题，这不得不令我们警醒。时代呼吁和渴求文明礼让与团结互助精神，时代渴望人与人的真诚和谐、融洽友爱与良善之心，若大家都能敞开心扉，传递爱心，相互感召，我们的时代就不会连续受到道德和良知的拷问。礼让精神所蕴含的恭敬、谦让、文明、守法等正是时代所极力倡导和呼吁的，通过互助行为，可以弘扬中华民族传统美德，倡导社会的新风正气，弘扬时代的文明新风，建构新型人际关系。

更重要的是，对于参与社会治理与制度设计的主体而言，他们的谋略胆识、智慧情感、道德品性、伦理自觉对于制度的设计与完善至关重要，因为只有品德高尚、素质过硬的“道德人”与“智慧人”才能设计出“健康的制度”，带来社会的健康有序，否则只能设计出“病态的制度”，带来社会权力运行的无序与社会发展和秩序的倒退。唐太宗李世民懂得惠泽社会，能够吸取隋亡教训，调整治国方略，扭转社会局势，缓和社会矛盾，重民情知民意，确立“安百姓”“重人才”“强政治”的治国思想，最终开创了历史上的“贞观之治”。而另一位帝王明神宗朱翊钧，“怠于临朝，勇于敛财，不郊不庙不朝者三十年，与外廷隔绝”，其自私自利的行为和政策制度给国家和民众带来了灾难性的损失，最终导致明朝国势衰微并最终走向灭亡。所以说，国家治理者的智识与道德水平对于由制度设计所影响的社会发展和权力运行状况具有重要影响，他们应该具有掌控全局进行设计的道德能力与胆识，如此可以更多、更深、更广地了解社会制度变迁与社会发展需求，从而设计出更符合权力运行与社会发展规律的机制与制度，实现治国安邦之目的。

“互联网＋”时代，我们如何坚守公共道德底线？

贾雪丽

伴随南方多个省市暴雨预警信号频频升级，少数网民故意歪曲事实散布谣言，如某地决堤、某地泄洪、弃某地保某地等，混淆大众视听，扰乱社会秩序；还比如，个别媒体和个人用一些低俗的语言、低劣的手法试图摧毁人们心目中的英雄，以达到丑化和抹黑党和政府的目的。面对甚嚣尘上的网络谣言、网络暴力，是不加甄别地参与其中，还是理性地分析对待，是我们每一个现代人尤其是青年人必须要面对的问题。在这个人人都是自媒体，人人手持麦克风的“互联网＋”时代，我们该如何守住公共道德底线呢？

互联网的产生和发展使人们进入了一个以电子媒体为基础的网络社会。在网络社会中，人们主要通过网络获得和传播信息资源，通过网络进行交流，甚至在网上完成恋爱等最基本的人类生存活动。网络社会的政治、经济和文化结构与现实社会有着完全不同的特点：网络化的组织机构和形式更加灵活机动；网络影响下的经济联系更加密切，信息环境更加多样化；网络下的文化发展也更加多元化。就如美国著名社会学家曼纽尔·卡斯特所说的那样：“网络是一组相互连接的结……是开放的结构，能够无限扩展，只要能够在网络中沟通，亦即只要能够分享相同的沟通筹码（例如价值或执行的目标），就能整合入新的节点。”①

一、 网络公共道德失范现象

“互联网＋”时代的来临，彻底改变了现实社会中人与人之间的交流方

① 卡斯特．网络社会的崛起．夏铸九，王志弘，等译．北京：社会科学文献出版社，2001：570.

式和社会关系，人与人之间呈现出了以符号化为特征的全球化交往模式。网络技术本身的虚拟性和隐蔽性，使人们在网络上可以成为任何人，可以做任何事，甚至是违法的事，而网络技术又无法弥补自身的不足。加之相关网络道德规范和法律法规的不完善，一时间，网络空间出现了很多道德失范现象。

现象一：网络暴力对道德底线的逾越和冲击。网络暴力是互联网上出现的一种新的社会现象，它虽然体现了大众的社会责任感和正义感，但其“以真假难辨的事实，行道德判断之高标，聚匿名不负责之群众，曝普通人之隐私”①，已经开始挑战传统社会的道德底线。网络暴力自“虐猫事件”后愈演愈烈，与此相伴随的“铜须门”“史上最毒后妈”“姜岩事件”“王宝强离婚事件”接踵而至，网民对于这些事件的道德审判，在网络上已经形成规模。网民本身的盲从性，使得网络上的道德审判日益演变成对当事人的侮辱和谩骂，严重超越了道德的范畴。网民对当事人的人身攻击和恶意中伤，给当事人的身心造成了极大的创伤。

现象二：以“调侃榜样，鄙视英雄，诋毁高尚，解构高尚”为特征的抹黑风潮。个别媒体和个人，以“挖掘”伟人的隐私、缺点和错误为乐，试图用一些低俗的语言、低劣的手法摧毁人们心目中的英雄，以达到丑化和抹黑中国共产党和共产主义事业的目的。比如，一些人从故纸堆中找出了雷锋的皮鞋、手表、情书等等，试图以此抹黑雷锋。

现象三：针对时下热点问题的网络谣言甚嚣尘上。2011 年，日本地震导致福岛核电站爆炸的事件受到社会各界关注，网络谣传碘盐可以防辐射，引发了全国抢盐热潮；某地 H7N9 致人死亡、“专修楼房漏水”的面包车是抢孩子的、香皂一闻就能迷晕你等谣言成为 2015 年十大网络谣言前三名，并在 2016 年换了“马甲”卷土重来。

二、 网络公共道德底线失守的原因分析

事实上，我国网络社会生活方式在总体上是合理的，但由于网络本身的技术特征，网络生活中的基本道德规范缺失和法律规范不健全，加之网络道德主体社会责任感不强，危害网络正常秩序的不道德现象和行为不断出现，如网络诈骗、网络色情、发布虚假信息以及侵害个人隐私等。

① 网络暴力愈演愈烈挑战道德底线．新华网，2008－09－01.

第一，现实社会的传统公共道德规范体系遭遇解构。网络社会空间的自由性，使得网络主体呈现出多元化的趋势，网络主体不再是活生生的现实个体，而是一种虚拟的、可变的符号。网络主体成了权力的中心，绝对个人主义和绝对自由主义思想在网络上不断泛滥。原有的公共道德规范体系在绝对个人主义和绝对自由主义伦理观的冲击下不断瓦解。而网络主体对个人主义和自由主义价值观的过分追求，必然走向道德虚无主义。缺乏外界道德规范约束和有效惩戒手段的网络主体，势必在自然欲望和好奇心的驱使下，频频触碰公共道德底线。

第二，网络主体道德责任的消解。网络社会的虚拟性和隐匿性导致社会道德规范对网络主体的约束力量大大减弱。网络的开放性和自由性要求参与主体具有更强的自律精神和社会责任感。在手机、电脑等现代通信工具以及微博、微信等新媒体的助推下，网络参与几乎为零门槛，网络的娱乐性、低廉的价格以及积极的互动性使得互联网拥有了无数的参与主体。作为网络主体的信息制造者社会责任感不强，加之传播者辨别力较差，抑或在利益的驱使下，色情、暴力和欺诈等行为充斥各种网络页面，严重影响了良好社会风气的形成。

第三，相关的道德规范和法律法规的不完善。事实上，与网络相关的很多法律、法规和道德规范体系还很滞后，尤其是网络大众文化内容和形式的日新月异，以及网络伦理问题的层出不穷，更使相关的法律、法规和道德规范显现出一定的局限性和滞后性。比如，捏造并散布虚假事实与所造成的损失之间因果关系的认定存在诸多困难，使得案件定罪量刑的标准较为模糊，有待司法解释的进一步明确。

三、 网络公共道德秩序的构建

网络公共道德失范现象，使人们陷入了网络伦理困境。在借鉴已有社会道德规范的基础上，构建新型网络公共道德秩序，将有助于推动网络社会向道德化和秩序化发展，同时也是推动互联网健康发展的重要保证。针对互联网发展过程中存在的公共道德底线频频失守的现象，我们可以从如下几个方面尝试改进：

第一，在充分尊重网民民主意识的前提下，提升网络主体的道德责任感。互联网本身的特性使自由、民主和平等的伦理精神得到了贯彻和实施，人们对这些伦理精神的追求导致价值取向的多元化。互联网所蕴含的这些伦理精神给大众提供了一个可以自由选择和自由创造的空间，大众的民主意识和自由意识在这个空间里得到了全方位的锤炼和提升。这就使得网络公共道德秩序的构建，必须以尊重和认同网络大众的自由民主精神和承认价值多元化的客观存在为前提。谣言止于智者，虽然一个人的审美趣味和审美能力，取决于个体的文化程度、生活阅历和道德修养等诸多因素，但最根本的决定因素是道德情操和是非善恶观念。提高广大网民的道德水平和理性辨别力，对大众进行美德教育，净化人的心灵、陶冶人的情操和提升人的审美情趣，是构建网络公共道德秩序的根本。

第二，积极发挥网络传媒的伦理导向功能，营造风清气正的网络氛围。网络传媒是当今时代最重要也是最主要的信息传播和获得载体，承担着道德教化和社会道德风尚引领的社会责任。实践证明，如果大众传媒放弃道德理性的指导和道德责任承担，为获取经济利益而哗众取宠，进而对社会普遍恪守的价值原则和道德规范进行嘲弄和消解，必然引起人们思想的混乱和网络公共道德底线的失守。而如果大众传媒真正地将道德理性贯彻始终，坚持道德操守和道德原则，切实承担起开启大众心灵、培育大众良知的责任，则势必能够营造风清气正的网络氛围。

第三，完善互联网法律法规体系。相对于快速发展的互联网空间和日益庞大的网民规模，我国的相关法律法规体系还显薄弱，相关约束机制还有待完善。比如，网络舆情预警机制还不完善，面对网络谣言、网络暴力等突发事件，很多网络主管部门还在用封锁消息的方式，这反而起到了推波助澜的作用。尤其对一些蓄意破坏网络公共道德秩序的个别人和个别群体，应加大法律的惩戒力度。

总之，“互联网+”时代的到来，越来越让我们深刻体会到互联网是一把双刃剑，它给我们带来无限便利和乐趣的同时，也给我们的道德生活提出了诸多挑战。面对日益纷繁复杂的互联网空间，作为亿万网民的一员，我们要不断提升自身的道德意识和法律意识，守住网络公共道德的底线。

第六章

尊法学法守法用法

如何理解法律的本质？社会主义法律的本质表现在哪些方面？

吴林龙

有人说，在现代社会，法律的制定者是立法机关，立法机关是被公民选出的人，代替公民行使立法权。可以看出来，法律就是一种社会契约，是社会成员为了维护社会有序运行，不至于使社会混乱无序而达成的约定。社会主义法律本质上也是一种社会契约。请问这种说法有道理吗？

这个问题涉及对法律的本质以及社会主义法律本质的理解。法律，从表现上看，是规范人们行为的社会规范，告诉人们可以做什么、必须做什么和不能做什么以及违反法律的后果。那么这种被称为法律的东西是否就是一种社会契约呢？这个问题是值得讨论的。有的人持肯定观点，这也是一种比较有影响的法律本质观。从这种观点的来源看，它主要形成于西方的启蒙运动时期。在西方的启蒙运动时期，卢梭系统地提出了社会契约论并出版了他的名著《社会契约论》。该书认为，在自然状态下，自然人以单个人身份出现，会很难处理与自然以及与他人之间的关系，最后，大家坐在一起谈判，公民出让自己的部分权利给国家行使，国家也要保护公民的权利，从而达成一种约定。约定是一切合法权威的基础，社会秩序来源于共同的原始朴素的约定。而在现代社会，法律的制定者是立法机关，立法机关代替公民行使立法权，制定各种法律来规范社会秩序的运行。在这种意义上，法律不就是社会契约吗？

把法律看作一种社会契约貌似有道理，实则没有道理。西方的社会契约论思想本身就是值得讨论的。尽管这种思想在当时对于反对封建专制具有历史进步意义，但这种思想的提出主要是基于人们的理性假设，即自然人的假设，而不是植根于人类社会发展的历史事实。社会契约论具有抽象空洞性，从世界观看，持有的是一种唯心史观。因而，用社会契约论来解释法律的本质，无疑具有抽象空洞性，属于唯心主义世界观的理论范畴。我们对法律的理解，不应该从人们的理性假设和设想出发，而应该从人们的实际生活出发，从社会历史发展的过程和事实出发，然后才能对法律的本质问题有理性的理解。尽管表面上看，在现代社会，法律似乎是立法机关和社会公民之间形成的一种社会契约，这种社会契约似乎代表了全体社会成员的意志和意愿，实则，人类社会的法律的形成和制定并非如想象的那么简单，它是一个复杂的社会历史现象。

人类历史表明，法律是随着私有制、阶级和国家的产生而产生的。法律本质上是统治阶级意志的体现，而不是一种社会契约。法律是通过规范人们的行为来调整社会关系的。法律是由特定的社会物质生活条件决定的。生产方式是决定法律的本质、内容和发展方向的根本因素。有什么样的生产方式，就有什么样的法律。法律的基本内容和性质总是与其所在社会的生产关系相适应的。正是由于法律所体现的统治阶级的意志不同、人类社会的生产方式不同，除了原始社会没有正式的法律外，法律发展史上相应地先后产生过奴隶制法律、封建制法律、资本主义法律和社会主义法律。

奴隶制法律不可能是包括奴隶和奴隶主在内的所有社会成员形成的社会契约，而是奴隶主专政的国家意志的表现，是奴隶主阶级对奴隶实行统治的工具。在奴隶制社会的经济结构中，奴隶主阶级占有生产资料，同时也占有作为生产劳动者的奴隶。人类社会发展的事实表明，奴隶制法律通常采用最极端的经济剥削和政治压迫的方式，往往否认奴隶的法律人格，即使是自由民之间也有严格的等级划分。例如，公元前 18 世纪的《汉穆拉比法典》是奴隶制社会古巴比伦法的代表，也是世界上基本完整保留下来的最早的成文法典。该法典维护了奴隶主阶级的统治地位，保护统治阶级的利益，确定了私有制；在法典中，奴隶毫无权利可言，稍有过失即受到断肢的可怕惩罚；同时，该法典将人分为三种等级，即有公民权的自由民、无公民权的自由民、奴隶。可见，奴隶制法律不是包括奴隶和奴隶主在内的所有社会成员形成的社会契约，而是奴隶主阶级对广大奴隶实行统治的工具。

封建制法律也不可能是包括地主和农民在内的所有社会成员形成的社会契约，而是封建地主阶级意志的体现，是封建地主阶级统治农民的工具。封建社会是以农业为基础的自然经济占主导地位的社会。在封建社会的经济结构中，封建地主阶级占有生产资料，同时不完全占有作为生产劳动者的农奴或农民。因而，封建社会的法律往往确立农民阶级对封建地主的人身依附关系，维护专制皇权，刑罚严酷、野蛮，同时实行封建等级制度。例如，不论是我国封建社会早期的秦律、中期的《唐律疏议》，还是后期的《大明律》和《大清律例》，维护的都是封建地主阶级的共同利益，都对农民进行严酷的法律惩罚，同时也维护了封建等级和宗法制度。因而，封建社会的法律也不是社会契约，农民没有权利参与法律的制定，而是被统治和压迫的对象。

资本主义社会的法律是否就是一种社会契约呢？有人认为，资本主义制度是在启蒙运动影响和提供思想理论资源的条件下建立起来的，并且社会契约论就是资产阶级提出的政治和法治思想，因而资产阶级的法律应该能够体现为一种社会契约。但这种逻辑并不符合事实。资本主义法律是资产阶级统治意志的体现，是统治工人阶级和其他劳动人民的工具，其根本任务是维护资产阶级的政治和社会秩序。资产阶级提出的社会契约论不过是为了反对封建专制统治，而实际上，资本主义法律坚持的是资本主义私有财产神圣不可侵犯、与资本主义市场经济相适应的契约自由、与资本主义民主政治相适应的法律面前人人平等、与资产阶级人道主义相适应的人权保障原则。资本主义法律规定的自由、民主、平等等价值原则是形式上的，归根结底是维护资产阶级的根本利益。所以即便是早期资产阶级思想家提出了社会契约论，也不代表资本主义法律就是一种社会契约，实际上，资本主义法律仍然是剥削阶级的法律。

社会主义法律虽然实现了阶级性和人民性的统一，但也不是一种社会契约。社会主义经济制度是以生产资料公有制为基础，以按劳分配为主体，以劳动者共同占有生产成果为特征，以共同富裕为目标的经济制度。社会主义法律是以社会主义生产关系为经济基础而建立起来的上层建筑，是社会主义生产关系本质要求的反映和表现，为实现普遍意义的平等、自由奠定了坚实的基础，实现了对历史上各种类型的法律制度的超越。社会主义法律是新型的法律制度，有着不同于以往剥削阶级法律制度的经济基础和阶级本质。例如，我国的社会主义法律，从体现的意志上看，是党的主张和人民共同意志的体现。我国是中国共产党领导的人民民主专政的社会主义国家，人民是国家的主人。在我国，剥削阶级作为一个阶级已经消灭，但是这并不代表我们不坚持人民民主专政，因而我国社会主义法律体现了阶级性和人民性的统一。在这种意义上，我们也不能据此说社会主义法律本质上是一种社会契约，它实际上是在党的领导下通过人民当家作主的形式制定的，而不是单个自然人通过让渡权利而达成的一种约定，它体现的是党的主张和人民共同的意志，是维护人民利益和公民权利的武器。

因此，法律本质上并不是一种社会契约，我们不能用社会契约论来解释法律的本质。法律体现的是上升为国家意志的统治阶级的意志，但它不是统治阶级意志的全部，统治阶级的意志还通过政策、道德等形式体现出来。在这种意义上，我们可以把法律理解为统治阶级制定或认可并以国家强制力保证实施的，反映由特定社会物质生活条件所决定的统治阶级意志，规定权利和义务，以确认、保护和发展有利于统治阶级的社会关系和社会秩序的行为规范体系。社会主义法律本质上是党的主张和人民共同意志的体现，体现了阶级性和人民性的统一。

为什么宪法是公民权利的保障书？为何依宪治国是法治中国建设的首要任务？

甘　玲

中国政法大学教授王人博曾将自己的经历发到了微博上：今天天真冷，好不容易打上车。一上车，京哥就唠叨不停，问我是哪个单位的，干什么的。我如实作答，并告诉他我是教法律的。又问，教什么法律？答，教的是一门最不值钱的法律。京哥回答说，噢，是教宪法的吧?！有人说，只听说民法、经济法、刑法是保护公民权利、惩罚违法犯罪行为的法律，没听说宪法跟老百姓有什么关系。对这一观点，你怎么看？你认为宪法是高高在上的还是与公民生活息息相关的？你如何看待宪法的职能？为何依宪治国是法治中国建设的首要任务？

列宁曾经指出："宪法就是一张写着人民权利的纸。"宪法是关乎公民权利的法律，宪法自产生以来，就与每一个公民息息相关。

首先，从宪法发展的历史看，宪法起源于西方国家资产阶级革命时期。宪法或者宪法性文件最早是资产阶级在反对封建专制制度的斗争中，为了确认取得的权利，巩固胜利成果而制定出来的。英国在17世纪资产阶级革命时期，于1679年通过了《人身保护法》，1689年通过了《权利法案》，以确认和保障公民的权利和自由。1791年的法国第一部宪法则把《人权宣言》作为序言。世界上第一部社会主义宪法——1918年的《苏俄宪法》，也将《被剥削劳动人民权利宣言》列为第一篇。可见，社会主义宪法也同样具有权利保障书的意义。

其次，从宪法的基本内容来看，宪法是公民权利的保障书。在国家法律体系中，宪法不仅是系统全面规定公民的基本权利的法律部门，而且其基本出发点就在于保障公民的权利和自由。尽管作为国家根本法的宪法涉及国家生活的各个方面，但其基本内容仍然可以分为两大块，即国家权力的正确行使和公民权利的有效保障。然而，它们并非地位平行的两部分，就它们之间的相互关系来说，公民权利的有效保障居于支配地位。我国宪法强调“国家尊重和保障人权”，详细规定了公民的基本权利，并且此部分规定在国家机构规定之前。这样的文本布置反映了国家保护公民基本权利的决心，也反映了国家权力来自人民授权这一现代国家最为根本的政治理念。基于权力来自人民的理念，我国宪法为每个国家机关设定了详细的权力清单，强调国家权力应依法行使。这表明了国家权力的有限性，即在宪法和法律之外国家机关不享有任何权力。宪法对权力的有效规范将确保权力不遭到滥用，从而防止国家权力对公民权利的侵犯。同时，为了保障宪法的实施，宪法第 62 条规定全国人民代表大会有监督宪法实施的职权，第 67 条规定全国人大常委会有解释宪法、监督宪法实施的职权。宪法所规定的宪法监督制度是实施宪法、促进公民基本权利的保障。

最后，从宪法的基本特征看，宪法具有最高的法律效力。宪法是国家的根本大法，是一切法律的渊源，具有最高的法律效力。没有宪法就没有其他法律，因为所有的法律都是根据宪法制定的。良法是善治的前提，宪法是良法的根本保障。宪法强调其自身具有最高效力，一切其他法律都不得抵触宪法，这就为我国形成一个协调统一的法律体系提供了基础，确保我们遵守的法律体系是真正的良法。

党的十八届四中全会通过的《中共中央关于全面推进依法治国若干重大问题的决定》指出，“坚持依法治国首先要坚持依宪治国，坚持依法执政首先要坚持依宪执政”，提出了健全宪法实施和监督制度的要求，并将每年 12 月 4 日定为国家宪法日，建立宪法宣誓制度。这些要求进一步明确和深化了宪法在依法治国和依法执政中的先导地位，是治国理政思想和实践的重大突破，对于夯实法治中国的宪法基础、开创中国特色社会主义法治道路具有重大意义。依宪治国是法治中国建设的首要任务。

第一，依宪治国是实行依法治国的前提，这是由宪法的性质和地位所决定的。《宪法》第 5 条第 1 款规定：“中华人民共和国实行依法治国，建设社会主义法治国家。”宪法以根本法的形式确定了中国特色社会主义道路、中国特色社会主义理论体系、中国特色社会主义制度的发展成果，回答了政治文明建设中最根本、最重要的问题，不但解决了国家的基本制度、基本价值观念、基本利益关系、基本发展方向等重大问题，也解决了权力如何行使、权利如何保障等具体法治问题。只有坚持依宪治国，才能保证依法治国的正确方向、正当路径和科学方法，维护国家的长治久安。

第二，依宪治国是落实依法治国的重点与关键，是建设法治中国的内在要求。党的十八届三中全会提出全面深化改革的总目标是完善和发展中国特色社会主义制度，推进国家治理体系和治理能力现代化。国家治理体系是党领导人民对国家事务进行有效治理的制度体系，包括经济、政治、文化、社会、生态文明和党的建设等各领域的体制、机制、法律法规和制度安排，这其中，宪法居于最核心地位，是国家治理的最高准则，是制定、调整国家治理政策的基本依据。宪法实施决定了国家治理的正当性、权威性和有效性。

第三，宪法精神是社会主义政治文明的灵魂。让宪法“活”起来，就是要将宪法精神充溢于日常法治中，增强人民对宪法的认同，激活宪法权利和义务，在国家和社会生活中彰显宪法价值，实现宪法价值的社会化和宪法规范的生活化。最高人民法院原院长肖扬提倡一种宪法阅读和追问精神：“每一个公民都能回过头，再读一读宪法的每一个条款，问一问自己，宪法规定的个人权利是不是得到充分保障，也问一问自己是否忠实地履行了宪法规定的义务；国家机关的每一名工作人员，也再读一读宪法的每一个条款，问一问自己，在行使权力过程中，是不是始终忠诚于宪法。”对宪法的阅读和对是否忠诚于宪法的自我追问是十分必要的。党的十八届四中全会决定设立国家宪法日、建立宪法宣誓制度，对于在全社会增强宪法意识、树立宪法权威具有深远意义。要让每一位公民时刻提醒自己，守宪是最基本的义务，违宪是最严重的违法，形成尊重宪法、维护宪法的内心自觉。

如何理解中国特色社会主义法治体系及法治中国建设？

吴林龙

我国在政治、经济、文化、社会生活各个方面实现了有法可依，中国特色社会主义法律体系已经形成，为什么还要建设中国特色社会主义法治体系？这里的中国特色社会主义法治体系与法律体系有多大区别？

这个问题涉及对中国特色社会主义法治体系的理解问题。建设中国特色社会主义法治体系是党的十八届四中全会提出的。党的十八届四中全会提出和确立了建设中国特色社会主义法治体系，建设社会主义法治国家的总目标。这开启了建设社会主义法治国家的新征程。建设中国特色社会主义法治体系，就是在中国共产党的领导下，坚持中国特色社会主义制度，贯彻中国特色社会主义法治理论，形成完备的法律规范体系、高效的法治实施体系、严密的法治监督体系、有力的法治保障体系，形成完善的党内法规体系，坚持依法治国、依法执政、依法行政共同推进，坚持法治国家、法治政府和法治社会一体建设，实现科学立法、严格执法、公正司法、全民守法，促进国家治理体系和治理能力现代化。建设中国特色社会主义法治体系，既植根于法治体系本身的规定性，也根源于法治体系建设的必要性，同时也与法治体系建设的重要性相关。

法治体系本身的规定性，决定了随着中国特色社会主义法律体系的形成，要建设中国特色社会主义法治体系。法治体系不同于法律体系，它是对法律体系在现实中的动态实施，是对已经形成的法律体系的贯彻落实。在这种意义上，法治体系是对法律体系的进一步展开，而法律体系仅仅是指法律规范本身。而我们知道社会主义法律的运行包括立法、执法、司法和守法等环节，在这种意义上，法律体系本身的运行也需要展开为一个动态的过程。这个动态的过程，实际上就要求法治体系的形成。因而，随着目前中国特色社会主义法律体系的形成，为了进一步推进中国特色社会主义法律体系的运行，将文本中的法律规范体系转化为现实中的法律规定，就需要进一步从法治体系建设的层面来推进社会主义法治建设。当然，法治体系建设并不是不需要加强法律体系建设，由于法治体系建设是为了进一步推进法律体系的实施，因此要建设社会主义法治体系，就必须进一步加强中国特色社会主义法律体系建设。所以，也正是在这种意义上，中国特色社会主义法治体系，不仅包括高效的法治实施体系、严密的法治监督体系、有力的法治保障体系，还包括完善的党内法规体系和完备的法律规范体系。

法治体系建设的必要性，决定了随着中国特色社会主义法律体系的形成，要建设中国特色社会主义法治体系。党的十八届四中全会通过的《中共中央关于全面推进依法治国若干重大问题的决定》指出："法治建设还存在许多不适应、不符合的问题，主要表现为：有的法律法规未能全面反映客观规律和人民意愿，针对性、可操作性不强，立法工作中部门化倾向、争权诿责现象较为突出；有法不依、执法不严、违法不究现象比较严重，执法体制权责脱节、多头执法、选择性执法现象仍然存在，执法司法不规范、不严格、不透明、不文明现象较为突出，群众对执法司法不公和腐败问题反映强烈；部分社会成员尊法信法守法用法、依法维权意识不强，一些国家工作人员特别是领导干部依法办事观念不强、能力不足，知法犯法、以言代法、以权压法、徇私枉法现象依然存在。这些问题，违背社会主义法治原则，损害人民群众利益，妨碍党和国家事业发展，必须下大气力加以解决。"随着我国社会主义法律体系的形成，我国在法律的制定、实施、适用和遵守等方面还存在一些问题，这些问题决定了我们要动态立体多维地建设社会主义法治体系，决定了我们要在中国共产党的领导下，坚持中国特色社会主义制度，形成高效的法治实施体系、严密的法治监督体系、有力的法治保障体系，以及完备的法律规范体系和完善的党内法规体系。

法治体系建设的重要性，决定了随着中国特色社会主义法律体系的形成，要建设中国特色社会主义法治体系。建设中国特色社会主义法治体系，鲜明地回答了我国社会主义法治建设往哪里走、怎么走的最根本问题，明确了全面依法治国的根本目的和历史任务，是在我国基本形成中国特色社会主义法律体系基础上的新方向。这种新方向，有利于澄清各种模糊认识，凝聚社会法治功能共识，增强党和国家建设社会主义法治国家的决心和意志，也回应了国际社会对缺乏民主法治的质疑，对保证依法治国沿着正确方向前进具有重大意义。同时，建设中国特色社会主义法治体系也是推进国家治理体系和治理能力现代化的重要举措。中国特色社会主义法治体系是国家治理体系的重要组成部分，体现了党按照宪法和法律治国理政、按照党纪党规从严治党的坚定决心，从而在法治轨道上推进了国家治理体系和治理能力现代化，有利于在全面深化改革总体框架内推进全面依法治国各项工作，在法治轨道上不断深化改革。一定意义上看，建设中国特色社会主义法治体系是全面依法治国的基础工程。全面依法治国涉及治党、治国、治军等各个方面，内政、外交、国防等各个领域，立法、执法、司法、守法和法治队伍建设等各个环节。在这种意义上，建设中国特色社会主义法治体系，是构筑依法治国大厦的基础，起着纲举目张的作用。

建设中国特色社会主义法治体系，最终是为了建设法治中国。习近平总书记明确提出了“法治中国”的科学命题和建设法治中国的重大任务，随后这一概念和任务在党的十八届三中全会得到正式确认和部署，在党的十八届四中全会得以具体化。“法治中国”可以说是党的十五大以来，依法治国、建设社会主义法治国家的“综合版”。因为它并不仅指“法治国家”，它是“法治国家”“法治政府”“法治社会”的综合体。推进法治中国建设，就要加强中国特色社会主义法治体系建设，而中国特色社会主义法治体系建设是一个系统工程，涉及坚持依法治国、依法执政、依法行政共同推进，坚持法治国家、法治政府和法治社会一体建设，实现科学立法、严格执法、公正司法、全民守法。从中国特色社会主义法治体系建设的参与主体看，应该至少包括执政党、政府、公民和社会。中国共产党是我国的执政党，在推进中国特色社会主义法治体系建设的过程中要充分加强统揽全局、协调各方的作用，不断根据时代和社会发展的要求，将党的主张和人民共同意志转换成中国特色社会主义法律体系和法治体系；政府作为法律实施的主体，在建设中国特色社会主义法治体系的过程中要始终坚持依法执政、公正司法，在法律实施过程中要充分发挥好法治建设的支撑作用，建设法治政府；公民个人和社会作为依法治国的群众力量和社会基础，也要参与到中国特色社会主义法治体系建设的过程中来，自觉维护各种法律规范的实施，依法行使权利和履行义务，维护社会公平正义，形成守法光荣、违法可耻的社会氛围，以增强公民的法治观念，推进法治社会建设。

常言道，法治兴则国家兴，法治强则国家强。总之，法治体系本身的规定性，法治体系建设的必要性，法治体系建设的重要性，决定了随着中国特色社会主义法律体系的形成，要建设中国特色社会主义法治体系，通过中国特色社会主义法治体系建设来推进法治中国建设。我们要从战略高度把握中国特色社会主义法治体系建设，不断增强建设社会主义法治国家的责任感和使命感，实现法治中国梦。

如何理解人民代表大会制度是保证人民当家作主的根本政治制度？

甘　玲

有人说，人大代表就是“举举手、按按钮”，当前人大工作是“制定别人已经制定了的法律，决定人家已经决定了的问题，任免组织已经确定了的人员，监督领导让你监督的问题”。据此，有人称，全国人民代表大会是“橡皮图章”式议会。根据我国宪法规定，人民代表大会制度是中国人民当家作主的基本政治制度。在人口众多的中国，怎样才能保证13亿多中国人民真正当家作主呢？这些人民群众的代表怎样管理国家各项事务呢？对此，你怎么看？

1. 政治制度及类型

根本政治制度是我国政治制度的特定用语，指我国的人民代表大会制度。

政治制度是指在特定社会中，统治阶级通过组织政权来实现其政治统治的原则和方式的总和。从广义看，政治制度是指社会政治领域中要求政治实体遵行的各类准则或规范，它包括一个国家的阶级本质、国家政权的组织形式和管理形式、国家结构形式和公民在国家生活中的地位。从狭义看，它主要指政体，即政权的组织形式。

政治制度是随着人类社会政治现象的出现而产生的，是人类出于维护共同体的安全和利益、维持一定的公共秩序和分配方式的目的，对各种政治关系所做的一系列规定。迄今为止，人类社会出现了多种政治制度：

（1）奴隶制政治制度是人类历史上最早的政治制度，由氏族社会的管理形式演变而来，在某些形式上带有原始制度的痕迹。神权学说是奴隶制政治制度的理论基础。东方与西方奴隶制国家政治制度的具体形式有所不同。

（2）封建制国家政治制度的普遍形式是君主制和身份等级制。“朕即国家”“君权神授说”是封建君主专制政治制度的理论基础。

（3）资本主义政治制度是最后的也是最高发展阶段的剥削阶级政治制度。它的显著特点是分权制衡、政党制、代议制、普选权和限期任职制。其种类较多，就主权归属而言，可分为君主制和共和制；就国家元首、立法机关和行政机关的关系而言，可分为总统制和议会内阁制等。

（4）人民代表大会制度是我国宪法所确立的根本政治制度，是我国国家机构和国家政治生活的基础，是马克思主义关于政治制度的学说在中国的具体应用。

我国宪法明确规定，国家的一切权力属于人民。人民行使国家权力的机关是全国人民代表大会和地方各级人民代表大会。国家行政机关、审判机关和检察机关都由人民代表大会产生，对它负责，受它监督。由此可见，人民代表大会制度就是我国的政权组织形式，其核心是国家的一切权力属于人民。人民代表大会制度就是指拥有国家权力的我国人民根据民主集中制原则，通过民主选举组成全国人民代表大会和地方各级人民代表大会，并以人民代表大会为基础，建立全部国家机构，对人民负责，受人民监督，以实现人民当家作主的政治制度。

2. 人民代表大会制度是保障人民当家作主的根本政治制度

人民代表大会制度作为一项具有中国特色的政治制度，有着许多特点。与西方国家议会制相比，人民代表大会制度具有以下特点：

（1）人民代表大会制度以民主集中制为根本原则。与资本主义议会制以分权制衡为根本原则不同，我国国家政权的性质和任务决定了我国的人民代表大会制度必须遵循民主集中制原则。

民主集中制是一种民主与集中相结合的制度，是指在民主基础上的集中和在集中指导下的民主。根据我国宪法、法律的规定，民主集中制原则在我国人民代表大会制度中主要表现为四个方面：一是各级人民代表大会都由民主选举产生，对人民负责，受人民监督；二是国家行政机关、审判机关和检察机关都由人民代表大会产生，对它负责，受它监督；三是中央与地方国家机构职权的划分遵循在中央统一领导下充分发挥地方的主动性、积极性的原则；四是各级人民代表大会在行使职权、开展活动时，实行合议制的集体领导制度，人民代表大会在讨论和决定问题时，充分发扬民主，实行少数服从多数的原则。

（2）人民代表大会制度的主体——人民代表大会——是国家权力机关，各级人大代表大多是兼职代表。在资本主义国家，作为民意机关的议会通常只是行使国家立法权的立法机关；而在我国，不仅全国人民代表大会及其常务委员会行使国家的立法权，而且各级人民代表大会都是国家权力机关。虽然基于主客观原因，宪法、法律赋予人民代表大会的实际职权也有一定范围，但从其职权内容和在整个国家权力结构中的地位来看，人民代表大会比资本主义议会要优越得多。诸如任免权、监督权以及重大事务决定权等方面都是资本主义议会无法比拟的。而人民代表大会作为国家权力机关，在整个国家机构中所处的主导支配地位，更是资本主义议会无法企及的。同时，各级人民代表大会代表大多来自生产工作第一线，有自己的本职工作，因而与资本主义国家的议员大多是专职议员不同，我国的各级人大代表大多是兼职代表。

（3）人民代表大会制度在组织结构上采取一院制。从宏观体制上来说，不管是资产阶级议会制，还是社会主义人民代表制，都存在着两院制的组织结构形式。然而，我国人民代表大会制度采取的则是一院制。其主要由三个方面的原因决定：一是我国的民族状况。我国作为多民族的社会主义国家，具有民族与民族之间友好合作、团结互助的优良传统，以及大杂居、小聚居的民族分布的特点。二是我国的历史传统。我国的人民代表大会制度从萌芽阶段、积累经验阶段，到正式确立阶段和实践发展阶段，经历了多年的发展。尽管不同历史时期人民代表机关的名称并不相同，但在组织结构上从未采用过两院制，实行的都是一院制。三是精简机构和提高效率的要求。毫无疑问，采用两院制势必导致机构重叠、人员编制扩大，财政支出随之增长，更有甚者还会产生人浮于事的现象，滋长官僚主义。同时，两院制不仅工作程序复杂、烦琐，而且还可能增加许多矛盾，从而导致工作效能低下。因此，建立一院制有助于精简机构和提高工作效率。

（4）人民代表大会制度设有人民代表大会的常设机构。由于资本主义国家的议会例会时间长，其工作和活动能够保持一定的连续性，因而也就没有必要设置常设机构。但我国的人民代表大会每年一般只开一次会，而且会期也很短，加之人大代表大多兼职，因而，如果没有常设机构，我国的国家权力机关就会空置。因此，我国宪法规定，全国人民代表大会和县以上地方各级人民代表大会设立常务委员会，作为同级人民代表大会的常设机构，在人民代表大会闭会期间，根据宪法和法律的规定，经常性地代表人民行使国家权力。由于人大常委会无论组织、机构还是人员都有较强的稳定性，因此，设置人民代表大会的常设机构，对于保证人民代表大会制度的充分有效运行具有非常重要的意义。

在计划经济时期，我国的民主政治进程相对缓慢，人大代表很少就政府工作提出不同意见，更不用说反对意见了。这在一定程度上影响了民主政治制度建设的进程，影响了社会主义制度优越性的体现。随着我国政治文明、民主法制建设的大力推进，人民代表大会制度的逐步完善和发展，各级人大代表的素质不断提高，代表的意识和责任感日益增强，他们活跃在政治舞台上，正发挥着越来越重要的作用。近年来，人大代表在会议期间依法履行职责，议政议事，为人民代言，为制定政治、经济和社会发展大计建言献策，他们的所言所行，受到了世人的广泛关注。

如何理解和区分法制观念、法治观念和法治理念？

甘　玲

学生提问：最近看书的过程中经常看到法制观念、法治观念和法治理念等概念，虽然我们关于法制和法治的区别也有所了解，但对于法制观念和法治观念这两个概念还是不怎么明白。去百度找过，但是里面只有“法制观念”，甚至邓小平理论也只涉及“法制观念”，没有“法治观念”。但我们所学的课本上强调的却是法治观念。请问这两者有没有明确的区别？有没有通用之处？法治观念和法治理念是一回事吗？

1. 法制观念

“社会主义法制观念”的适用范围是最广的，也是使用频率最高的。它从 20 世纪 80 年代开始，频繁出现于报刊、广播电视等媒体，而且在党和国家的重要文献，如中共中央、全国人大、国务院的重要报告、决议，以及全国法制宣传教育和学习教育的规范性文件中，都使用这个概念。如 2004 年，《中共中央国务院关于进一步加强和改进大学生思想政治教育的意见》将“加强民主法制教育，增强遵纪守法观念”作为大学生素质教育的一项内容。2005 年，《〈中共中央宣传部教育部关于进一步加强和改进高等学校思想政治理论课的意见〉实施方案》明确规定“思想道德修养与法律基础”课程的任务是：“主要进行社会主义道德教育和法制教育，帮助学生增强社会主义法制观念，提高思想道德素质，解决成长成才过程中遇到的实际问题。”2006 年，中共中央、国务院批转的《中央宣传部、司法部关于在公民中开展法制宣传教育的第五个五年规划》和《全国人民代表大会常务委员会关于加强法制宣传教育的决议》将进一步提高社会主义法制观念和法律素质作为在公民中开展法制宣传教育的目标之一。

要了解法制观念，需要对“法制”的概念有一个明确的认识。“所谓法制，是统治阶级运用法律手段治理国家的基本制度和方法”。由此，对社会主义法制观念可以有两种解释：一是泛指对法律制度的看法和态度。对一定的法律制度，不同的人会有不同的看法和态度。二是专指人们重视、遵守和自觉地执行法律的思想意识。社会主义法制观念以广大公民的高度自觉性为基础，要求人们对现行法律持尊重、信赖并积极认同的态度，是人民群众对社会主义法制在理性认识基础上产生的一种切身体验，是对法的一种心悦诚服的感知和认同。

2. 法治观念

社会主义法治观念的产生源于“法制”与“法治”概念的不同。“法制”与“法治”二者虽一字之差，却有重大区别。“法治”是一种治理社会的理论、原则、理念和方法，是一种社会意识；而“法制”通常是“法律制度”的简称，是一种社会制度。只要有法律和制度存在，就有法制存在，但不一定就是实行法治。二者的主要区别在于：

（1）法制是法律制度的简称，属于制度的范畴，是一种实际存在的东西；而法治是法律统治的简称，是一种治国原则和方法，是相对于“人治”而言的，是对法制这种实际存在的东西的完善和改造。

（2）法制的产生和发展与所有国家直接相联系，在任何国家都存在法制；而法治的产生和发展却不与所有国家直接相联系，只有民主制国家才存在法治。

（3）法制的基本要求是各项工作都法律化、制度化，并做到有法可依、有法必依、执法必严、违法必究；而法治的基本要求是全面推进依法治国，建设中国特色社会主义法治体系，建设中国特色社会主义法治国家，做到科学立法、严格执法、公正司法和全民守法。

（4）实行法制的主要标志，是一个国家从立法、执法、司法、守法到法律监督等方面，都有比较完备的法律和制度；而实行法治的主要标志，是一个国家的任何机关、团体和个人，包括国家最高领导人在内，都严格遵守法律和依法办事。

二者的联系在于：法制是法治的基础和前提条件，要实行法治，必须具有完备的法制；法治是法制的立足点和归宿，法制的发展前途必然是最终实现法治。

1997 年 9 月，党的十五大报告提出“依法治国，建设社会主义法治国家”，第一次将“社会主义法制国家”改为“社会主义法治国家”。1999 年 3 月，九届全国人大二次会议通过的宪法修正案正式将“建设社会主义法制国家”改为“建设社会主义法治国家”。从此，有关文件和社会各界因语义不同而开始分别使用“法制”“社会主义法制”和“法治”“社会主义法治”。

社会主义法治观念是指人们对法律的性质、地位、作用等问题的认识和看法，也就是依靠法律管理国家、管理经济和治理社会的观念。法治观念的实质是法律至上，依法治国的理念、意识与精神。法治观念的核心是对依法办事的态度。

3. 法治理念

法治理念是关于法治的理性认识，是关于法治的思想观念、价值判断的总和，它是人们对法治的性质、功能、制度设计、组织机构、实践运作等的整体认识和把握。法治理念根植于一定社会的经济、政治、文化等方面的必然性要求之中，它是法治的灵魂，体现了法治的精神实质和价值追求，所要解决的是为什么实行法治以及如何实现法治的问题。

从结构上讲，法治理念的内涵主要包括四个层面：一是在知识层面，法治理念是关于法律及其运作的专门性知识，体现了人们对法律和法律现象的理解与认识水平。二是在感情层面，法治理念是指人们对法律制度和法治实践所持的态度及所做的价值评判。三是在意志层面，法治理念主要是指人们对法律制度是否有遵从的意愿，是否养成了严格守法、依法办事的思想意识和行为习惯。四是在信念层面，法治理念是指人们对法治、法律是否建立一种明确、坚定的信仰、坚持和追求。

这四个层面相互联系，彼此影响。知识层面是法治理念内涵的基础层面，离开了必要的法律知识的积累，就无法对法治实践做出正确的评判，也难以形成对法治的确信。感情层面是知识层面的自然延伸。人作为会思考、能评判的理性动物，在掌握了相应的法律知识后，自然会对现实生活中的各类社会现象做出自己的评判，这也是决定如何行为的前置阶段。意志层面是感情层面的升华，只有对法律制度产生了情感认同，人们才有可能养成自觉遵从法律的思想意识和行为模式。信念层面是法治理念的最高层次，只有在前三个层面都获得肯定性结果的条件下，人们才会对法治理念产生坚信，才能够进入信念层面。

由此可见，法治理念是关于法治的理性化观念。如果说，法律规则是法治社会的载体，那么，法治理念则是法治社会的灵魂和基石。

法治理念与法治观念虽然都表现为主体对法治的主观认识，但二者最主要的不同在于，法治理念是蕴含在法治之中的、关于法治本身的最基本最重要的认知。具体而言，法治理念与法治观念有以下几点区别：

第一，法治理念立足法治本身，具有较强的客观性、规律性；法治观念则立足于社会主体，强调社会主体的主观认识，具有较强的主观性。

第二，法治理念比法治观念更深入、更集中、更稳定。观念和意识既有感性的，也有理性的，而理念仅指向理性。观念和意识因人而异、多种多样，理念则相当概括、凝练、稳定。

虽然学术界早已使用“社会主义法治理念”这一概念，但是这一概念的影响深度和广度还很有限。2006 年，中央政法委决定对全体政法干警开展社会主义法治理念教育，这一提法才开始频繁见诸媒体。社会主义法治理念是指导我国建设社会主义法治国家的思想观念体系，它反映和指引着社会主义法治的性质、功能、价值取向和实现途径，是社会主义法治体系的精髓和灵魂，是立法、执法、司法、守法和法律监督的指导思想。

社会主义法治理念的内容可以概括为依法治国、执法为民、公平正义、服务大局、党的领导五个方面。其中，依法治国是社会主义法治的核心内容，执法为民是社会主义法治的本质要求，公平正义是社会主义法治的价值追求，服务大局是社会主义法治的重要使命，党的领导是社会主义法治的根本保证。这五个方面相辅相成，体现了党的领导、人民当家作主和依法治国的有机统一。

为什么要坚持依法治国与以德治国相结合？

吴林龙

有人说要治理好国家和社会，就要加强道德建设，法治不能够从根本上治理好国家和社会；也有人说用道德来治理国家和社会是靠不住的，只有法治才能治理好国家和社会。请问这些说法哪个有道理？

这个问题涉及如何理解依法治国、以德治国以及二者的关系问题。从目前的治国方略看，我们党在十五大上提出了依法治国是党领导人民治理国家的基本方略，并指出依法治国，就是广大人民群众在党的领导下，依照宪法和法律规定，通过各种途径和形式管理国家事务，管理经济文化事业，管理社会事务，保证国家各项工作都依法进行，逐步实现社会主义民主的制度化、法律化，使这种制度和法律不因领导人的改变而改变，不因领导人看法和注意力的改变而改变。随着依法治国方略在当代中国的推进和实施，2000年6月，江泽民同志在全国宣传部长会议上指出："我们在建设有中国特色社会主义、发展社会主义市场经济的过程中，要坚持不懈地加强社会主义法制建设，依法治国；同时也要坚持不懈地加强社会主义道德建设，以德治国。"江泽民同志明确提出了"把依法治国与以德治国紧密结合起来"的治国方略。可见，从我们党和国家对依法治国与以德治国的看法和主张看，我们既要坚持依法治国，也要坚持以德治国，同时还要坚持依法治国与以德治国相结合。

现在的问题是，有人认为在治国理政中德治最重要，也有人认为法治最重要，这就使人们产生了一些困惑。实际上，在现实中，法治重要或者德治重要的说法是不足取的。这是把法治与德治对立起来看问题，是在思想中人为地造成二者的对立。这是一种非此即彼、形而上学地看待问题的方法。实际上，就治国理政的内在要求和规律看，二者都是需要的，也是缺一不可的。

顺应现代化潮流，推进国家现代化，决定了既要把法治放在国家治理的重要地位，实行依法治国，也要进行思想文化建设，实行以德治国。法治代表了人类社会发展进步的方向，是人类文明的重要成果。法治是现代化的制度基石。习近平同志在党的十八届四中全会第二次全体会议上的讲话就深刻阐述了现代化与法治之间的关系，他说："法治和人治问题是人类政治文明史上的一个基本问题，也是各国在实现现代化过程中必须面对和解决的一个重大问题。综观世界近现代史，凡是顺利实现现代化的国家，没有一个不是较好解决了法治和人治问题的。相反，一些国家虽然也一度实现快速发展，但并没有顺利迈进现代化的门槛，而是陷入这样或那样的'陷阱'，出现经济社会发展停滞甚至倒退的局面。后一种情况很大程度上与法治不彰有关。"法治兴则国家兴，法治强则国家强。因此，顺应现代化潮流，推进国家现代化，决定了要把法治放在国家治理的重要地位，实行依法治国。同时，现代化过程中人类社会也普遍面临一个非常严重的问题，那就是随着人类征服自然欲望的膨胀、科技理性的发达，人类的精神世界越来越走向颓靡。世界上不同的国家和民族在奔向现代化的过程中不同程度上出现了新旧价值观念的断裂，出现了信仰危机、道德危机。在现代社会中生活的人们越来越感觉到不幸福，失去了安全感。这决定了我们在推进国家现代化的过程中不仅要加强法治建设，还要加强思想道德建设，坚持以德治国。

借鉴我国古代治国经验，弘扬优秀传统文化，决定了要把德治放在治国理政的重要地位，同时也不能忽视法律在国家治理中的作用。我国古代具有悠久灿烂和博大辉煌的历史文化，而我国古代的治国理政经验就是这些历史文化传统的重要内容。我国经历了漫长而稳定的封建社会，并创造了令世界瞩目的辉煌文明成果，这与我们所积累和创造的治国理政的智慧是分不开的。我国古代社会治国理政最鲜明的特点是伦理的政治化，通过伦理道德来达到政权稳定和社会安定的目的。例如，我们耳熟能详的"修身齐家治国平天下"等，都注重从个体伦理道德要求出发，进而达到政权稳定和社会稳定。当然，我国封建社会伦理道德中蕴含着很多不合理的东西，但是不可否认，我国封建社会采取的这种伦理政治化的治国方式在一定程度上维持了政权的长期巩固和社会稳定，节约或减少了政治统治的成本和代价。在这种意义上，对于今天国家的治理，我们要重视道德的作用，用道德来约束和规范社会成员的行为，统一全国人民的思想和行为，巩固各族人民团结奋斗的思想基础。当然，我国古代治国理政经验还有更为深层的底色，因为我国古代社会在坚持伦理政治化的同时，还存在一种更为深刻的治国理政模式，那就是“明儒暗法”，也有人将这种现象称为“阳儒阴法”或“外儒内法”。意思是说，在我国古代的治国理政智慧中，除了道德的劝诫和引导外，还通过严格的法规来规范社会成员的思想和行为，使人们在法律约束的范围内从事社会活动。在古代社会，尽管有封建王朝的更替，但是几乎每个王朝都具有严格规范的封建法律，法制的警示、约束和惩戒作用为统治者所重视。尽管古代封建社会中的法律实施还不是现代意义上的法治，但是我国古代社会的治国理政经验表明，法律是维持社会正常运转和国家稳定不可或缺的因素。因此，对于当代中国社会，借鉴我国古代治国经验，弘扬优秀传统文化，决定了要把德治放在治国理政的重要地位，同时也不能忽视法律的作用。

因此，不论是推进现代化，还是借鉴历史智慧，都决定了在当代中国的治国理政中，既要依法治国，也要以德治国，并把二者结合起来。当然，坚持依法治国与以德治国的统一，首先必须正确认识法治与德治的地位。对国家和社会的治理而言，法治和德治都非常重要且不可或缺。法治是治国理政的基本方式，依法治国是基本方略，法治具有根本性、决定性和统一性，强调对任何人都一律平等，任何人都必须遵守法律。德治是治国理政的重要方式，以德治国就是通过在全社会培育、弘扬社会主义核心价值观和社会主义道德，对不同人群提出有针对性的道德要求。其次，必须正确认识法治与德治的作用。法治和德治对社会成员都具有约束作用，法律规范和道德规范也都具有必须遵守的性质，但约束作用的内在要求和表现形式不同，行为人违反两种规范后承担的后果也不一样。法治发挥作用要以国家强制力为后盾，主要依靠法律的预测、惩罚、威慑和预防作用对公民和社会组织的行为进行约束，并对违反法律的行为追究法律责任；德治主要通过人们的内心信念、传统习俗、社会舆论等进行道德教化，并对违反道德的行为进行道德谴责。最后，必须正确认识法治与德治的实现途径。法治与德治的实现方式和实施载体不同。法治主要依靠制定和实施法律规范来推进和实施，国家保护什么、不保护什么，倡导什么、禁止什么，都必须有明确的法律依据，实行法有禁止不得为，体现的是规则之治。德治主要依靠培育和弘扬道德等途径来推进和实施，道德是内心的法律，以价值、精神和理念等形式表现出来，引导人们自觉地在行动上符合道德要求。

其实，社会主义法律和社会主义道德在性质、作用和目标上的一致性，也决定了在当代中国社会实现国家治理必须一手抓法治、一手抓德治，坚持依法治国与以德治国相结合。新中国成立以来的治国经验也证明，法治与德治，是治国理政不可或缺的两种方式，如车之两轮、鸟之双翼，忽视其中任何一个，都将难以实现国家的长治久安。在当代中国社会，只有让法治与德治共同发挥作用，才能使法律与道德相辅相成、法治与德治相得益彰，做到法安天下，德润人心。

为什么说党的领导、人民当家作主与依法治国是统一的?

吴林龙

我国宪法强调国家的一切权力属于人民，同时又提出依法治国和坚持党的领导，有人于是提出“党大还是法大”的疑问。我们到底该如何认识党的领导、人民当家作主与依法治国的关系?

这是一个非常值得讨论的问题。首先，我们必须明确党的领导、人民当家作主和依法治国都是我国宪法确认的基本原则。近现代中国的发展历程表明，自从有了中国共产党，中国革命的面貌焕然一新，中国人民在中国共产党的领导下推翻了压在中国人民头上的封建主义、官僚主义和帝国主义三座大山，建立了新中国，并建立了社会主义制度，进行社会主义建设，开创和发展中国特色社会主义。中国共产党的领导是人民的选择、历史的选择。我国宪法对中国共产党领导地位和执政地位的规定，是对中国共产党领导各族人民在革命、建设和改革各个历史时期奋斗成就的确认。而人民当家作主是社会主义民主政治的本质和核心。我国宪法通过确认人民民主专政的国体，保障了广大人民群众在国家中的主人翁地位；通过确认以公有制为主体、多种所有制经济共同发展的基本经济制度，为人民当家作主奠定了经济基础；通过确认人民代表大会制度的政体，为人民当家作主提供了组织保障；通过确认民族区域自治制度和基层群众自治制度，把人民当家作主贯彻于国家和社会生活的各个领域。同时，我国宪法明确规定实行依法治国，建设社会主义法治国家，推进国家各项工作法治化，维护社会公平正义，维护社会主义法制的统一、尊严、权威。任何组织和个人都要在宪法和法律范围内活动，一切违法行为都应受到法律的追究，法律面前人人平等。从这种意义上看，党的领导、人民当家作主和依法治国三者之间是统一的，这种统一体现为它们都是宪法规定和体现的原则。

当然，这种统一只是一种形式上的统一。党的领导、人民当家作主和依法治国作为我国宪法确立的基本原则，三者之间到底是怎样的关系呢？我们既要坚持党的领导，也要坚持最高权力属于人民，同时还要坚持以法律为最高权威的依法治国。有人说，我们常说一山不容二虎，现在却是三者鼎立呀！尽管这种比喻不是很恰当，但却反映了人们对三者之间关系的困惑。有人甚至提出了“党大还是法大”的疑问。其实，党的领导、人民当家作主和依法治国三者之间是统一的。

党的领导是人民当家作主和依法治国的根本保证，坚持人民当家作主和依法治国，就要坚持党的领导。中国共产党从成立之日起，就始终坚持工人阶级先锋队的性质。我们知道，中国工人阶级是近代中国社会发展特别是社会化大生产发展的产物，代表中国的先进生产力和先进生产关系，具有大公无私，严格的组织纪律性，革命的坚定性、彻底性等优秀品格。同时，中国共产党还是中国人民和中华民族的先锋队。中国共产党的性质、纲领、宗旨、指导思想，中国共产党的先进性和纯洁性，决定了坚持党的领导，是人民当家作主的根本保证，也是依法治国的根本保证。历史和现实也表明，中国共产党能够充分发挥好协调各方、统领全局的作用，有着充分的执政经验和广泛的阶级基础、社会基础。中国共产党执政就是党领导、支持、保证人民当家作主，最广泛地动员和组织人民群众管理国家和社会事务，管理经济和文化事业，维护和实现好最广大人民的根本利益。因此，坚持人民当家作主和依法治国，就要坚持党的领导。

人民当家作主是党的领导和依法治国的本质要求，坚持党的领导和依法治国，就要坚持人民当家作主。全心全意为人民服务，“立党为公，执政为民”是中国共产党的根本宗旨。这就要求党始终代表最广大人民的根本利益，体现人民的意志，保障人民当家作主的地位，把实现好、维护好、发展好最广大人民的根本利益作为中国共产党执政的出发点和落脚点。国家的一切权力属于人民。国家权力统一由全国人民代表大会和地方各级人民代表大会行使，全国人民代表大会和地方各级人民代表大会由民主选举产生，对人民负责，受人民监督。广大人民的意志通过民主形式集中起来，上升为国家意志，形成宪法和法律。国家行政机关、审判机关、检察机关都由人民代表大会产生，对它负责，受它监督。所以，依法治国必须坚持人民主体地位，人民是依法治国的主体，把人民当家作主贯穿于依法治国全过程，可以充分保障人民当家作主。因此，坚持党的领导和依法治国，就要坚持人民当家作主。

依法治国是党领导人民当家作主的治国方略，坚持党的领导和人民当家作主，就要坚持依法治国。法治是现代社会文明的重要内容，也是当今世界公认的价值理念，更是我国社会主义核心价值观的基本内容之一。奉法者强则国强，奉法者弱则国弱。全面推进依法治国是全国各族人民的期盼，也是时代的呼唤，更是全面深化改革，推进国家治理体系和治理能力现代化的保障。我国社会主义法律是党的主张和人民共同意志的体现，是维护人民利益和公民权利的有力武器。我国是中国共产党领导的人民民主专政的社会主义国家，人民是国家和社会的主人，制定法律的权力属于人民，法律是人民在党的领导下制定的，党的主张和人民的共同意志统一起来，转化成宪法和法律。社会主义法律体现党的主张和人民的共同意志，维护人民的共同利益，巩固中国共产党的执政地位。因此，坚持依法治国有利于党领导人民当家作主。同时，落实好依法治国的方略，党要带领人民学习、落实和遵守宪法和法律。只有这样才能用法律凝聚人民和全社会的共识，全面持久地调动人民参与法治建设的积极性和创造力，及时准确地反映人民群众和各个阶层的意愿与诉求，保证依法治国始终得到人民的拥护、支持和参与。因此，坚持党的领导和人民当家作主，就要坚持依法治国。

问题是，既然三者是统一的，为什么还有人提出“党大还是法大”的疑问呢？从目前看，除了没有认识到这种统一性或思维方式上存在缺陷外，还有以下两个原因：一是我们党的个别领导干部和工作人员没有依法办事，没有维护法律的权威。党领导人民当家作主和依法治国是一个复杂的工程，个别党员干部以权压法，徇私枉法。对于这种现象，我们必须加强党的自身建设，提高党员的法律素质和法治思维，维护宪法和法律的权威。党领导人民制定法律，但是当法律制定出来以后，党也必须自觉遵守宪法和法律，同时要坚持党规党纪严于国法。二是个别人或派别故意把党的领导和法治对立起来，故意造成混乱，诋毁党的领导，提出“党大还是法大”的诘难。对于这种混淆是非、动机不纯的行为，我们必须清醒认识到它的危害。这种诘难不利于推进依法治国，也不利于人民当家作主，把矛头直接对准了党的领导。我们要从制度和法律上始终保证党对依法治国的领导，为人民掌好权、用好权，使法治沿着社会主义方向发展，同时，党也要不断加强自身建设，领导人民在宪法和法律范围内活动，维护法律的尊严和权威，树立法治观念和思维方式。

总之，坚持党的领导、人民当家作主、依法治国三者在当代中国社会是一个统一整体，不可分割，它们之间相互依存、相互作用，共同体现了社会主义法治建设的中国特色、中国风格和中国气派。其实，坚持党的领导、人民当家作主、依法治国相统一，也是新中国成立以来我国社会发展的一条基本经验，对此我们也在宪法中做了确认和肯定。因为经验和现实表明：离开了党的领导，人民当家作主和依法治国就没有领导核心；离开了人民当家作主，党的领导和依法治国就失去了目标和内在依据；离开了依法治国，党的领导和人民当家作主就无法有序进行。

如何理解依宪治国与西方宪政的界限？

吴林龙

教材上说："坚持依法治国首先要坚持依宪治国，要把推进宪法实施、落实依法治国作为全面依法治国的首要任务。"为什么要坚持依宪治国并把它作为依法治国的首要任务？有人说，我们提出依宪治国，实际上是在学习西方的宪政民主。请问是这样吗？

这里涉及依宪治国的依据及其与西方宪政的界限。坚持依法治国首先要坚持依宪治国，最开始是党的十八届四中全会通过的《中共中央关于全面推进依法治国若干重大问题的决定》中提出的，即"坚持依法治国首先要坚持依宪治国，坚持依法执政首先要坚持依宪执政"。2014 年 12 月 4 日，习近平同志在首都各界纪念现行宪法公布施行 30 周年大会上进一步重申："依法治国，首先是依宪治国；依法执政，关键是依宪执政。"依宪治国就是根据宪法治国，而把宪法放在治国理政的首位，无疑进一步凸显了宪法在依法治国中的地位。这为我们加强宪法实施、全面推进依法治国指明了发展方向，提出了现实性任务。其实，我们提倡依宪治国并把它作为依法治国的首要任务，是有深刻的内在依据的。这既是由宪法的地位决定的，也是由宪法的实施状况决定的。

宪法的地位决定了坚持依法治国首先要坚持依宪治国。宪法是我国的根本大法，是治国安邦的总章程。它规定了国家的根本政治制度、根本任务、国家权力以及公民的基本权利与义务，是全国各族人民、一切国家机关和武装力量、各政党和各社会团体、各企业事业组织的根本活动准则。它是其他法律制定的原则和依据，其他的法律法规都是依据宪法制定的，都是对宪法精神、原则和制度的具体化，都不能与宪法相冲突。当前我国形成的社会主义法律体系，就是以宪法为统帅，以法律为主干，以行政法规、地方性法规为重要组成部分，由诸多法律部门组成的有机统一整体。因此，只有加强宪法实施，才能巩固和发展国家的根本制度，保证国家权力依法运行，并使公民基本权利切实得到实现，公民的基本义务切实得到履行，促进和带动其他法律规范的实施。同时，宪法还确立了中国共产党的领导地位，为党的领导提供了正当性和合法性，而党的领导是依法治国和人民当家作主的根本保证。在这种意义上，加强宪法实施，对于坚持党的领导、巩固党的执政地位、确保党始终是中国特色社会主义法治国家建设的领导核心，具有极为重要的意义。因此，宪法具有最高的法律地位、法律权威、法律效力，在国家政治生活和法治建设中具有根本性、全局性、稳定性、长期性的作用。要加强宪法实施，坚持依法治国首先要坚持依宪治国。

宪法的实施状况也决定了坚持依法治国首先要坚持依宪治国。宪法作为根本大法，制定出来或修订以后，就要在现实中得到有效实施。从我国宪法的实施看，自新中国第一部宪法颁布以来，到最近的宪法及修正案，我国宪法确定的国家性质、根本制度和组织机构活动的原则乃至公民的基本权利和义务等都在不同层面得到了有效实施，维护了宪法作为治国安邦总章程的地位。但不可否认的是，我国宪法实施取得重大进展的同时，宪法的权威地位还没有得到应有的保障，国家机构及工作人员的宪法观念和宪法思维还相对淡薄，公民的宪法意识还有待提高，宪法的适用及其制度还基本处于起步阶段，我们还没有对公民个人或国家机关及工作人员建立违宪追究和审查制度。2015 年 12 月 4 日，凤凰评论《高见》栏目专访中国宪法学研究会会长、中国人民大学法学院院长韩大元时，韩大元就进一步指出："宪法权威在中国法治实践的各个领域都没有完全确立，宪法精神没有深入立法、行政、司法的过程。""宪法实施效果不好，一个很重要的原因是我们没有实效性的、有效的违宪审查制度，另外一个很重要的原因是，虽然有宪法监督制度，但并没能很好地用起来。"因而，我国宪法的实施状况，决定了要维护宪法的法律地位、法律权威和法律效力，就要把推进宪法实施、落实依法治国作为全面依法治国的首要任务。

因此，提出坚持依法治国首先要坚持依宪治国有着深刻的现实原因。那么除了这些原因外，还有没有其他原因呢？提到依宪治国很容易想到西方宪政，甚至有人说我们的依宪治国实际上是学习了西方宪政。持这种观点的一般有两类人：一类人不能深入认识到依宪治国和西方宪政的区别。另一类人在价值立场方面不能接受依宪治国。这类人又有两种不同的阵营：一种阵营是极左思潮，他们站在激进保守的社会主义立场，不接受全面依法治国和依宪治国，把这说成"走资本主义西方宪政道路"，进而达到阻止改革开放和全面依法治国的目的；另一种阵营是站在敌视破坏社会主义和走资本主义道路的立场上，企图把依宪治国说成和西方宪政相吻合，进而主张进一步走西方宪政的道路和达到否认党的领导和人民当家作主的目的。尽管我们在推进依法治国和依宪执政的过程中要借鉴西方优秀的政治文明和法治成果，但是我国依宪执政与西方宪政有本质区别。一是制度基础不同。西方宪政建立在资本主义宪法基础上，是资产阶级统治的工具，而我们的出发点和落脚点是人民的根本利益。二是领导力量不同。西方宪政从表面上看，是不同政党轮流执政，其实都是资本和资产阶级的代言人，而我们是旗帜鲜明地坚持中国共产党的领导。三是权力主体不同。西方宪政民主下的选举，起决定作用的是资本、利益集团或少数精英群体力量，而我国的一切权力属于人民。四是权力行使方式不同。西方宪政实行三权分立，通过分权制衡来维护资本和资产阶级的利益，而我们的人民代表大会是国家权力机关，行政机关、审判机关、检察机关都由它产生，对它负责，受它监督。

可见，依宪治国与西方宪政有着本质的不同，我们必须认识到这种不同，同时在依宪治国的过程中要防止“左”的势力和别有用心的派别的干扰，全面推进宪法实施，落实依宪治国。一是要在全社会树立宪法意识。落实宪法宣誓制度，让经过人民代表大会及其常委会选举或者任命的国家工作人员正式就职时公开向宪法宣誓，增强公职人员宪法观念，进而引领全社会增强宪法意识、树立宪法权威。在全社会普遍开展宪法教育，把宪法教育纳入国民教育体系，阐释宪法精神，传播宪法理念，普及宪法知识。二是要加强宪法实施。宪法实施，是所有公民的权利和义务。公民通过行使建议权和意见权，主动提供意见建议，积极参与国家管理，积极参与民主立法活动，积极提出立法建议，为科学立法贡献智慧。公民主动参与宪法实施的监督，敢于对国家机关及工作人员进行监督。引导公民把宪法作为必须践行的行为准则，自觉行使宪法规定的权利和履行宪法规定的基本义务，做到心中有宪法，宪法至上。三是要加强和改进党在依宪执政过程中的自身建设，自觉在宪法和法律范围内活动。党的各级组织和党员领导干部要带头尊重宪法、学习宪法、执行宪法和维护宪法，并带头弘扬宪法精神，维护宪法权威，做宪法实施的表率。四是探索建立宪法实施的制度和机构。在未来条件成熟的情况下，可以探索建立违宪审查制度和具体负责宪法适用的实体机构（如宪法法院）来保证宪法的实施，确保公民、国家机构及工作人员和社会团体、政党组织等对宪法的遵守，做到违宪必究，维护宪法权威，使宪法成为社会的真诚信仰和行为准则。

习近平同志在首都各界纪念现行宪法公布施行30周年大会上指出:“宪法的根基在于人民发自内心的拥护,宪法的伟力在于人民出自真诚的信仰。”在全面推进依法治国和落实依宪治国的过程中,我们要自觉维护宪法权威,自觉抵制西方宪政的干扰,做到真诚拥护宪法实施,努力成为宪法的忠实崇尚者、自觉维护者和坚定捍卫者。这将关系到国家和社会的稳定,关系到法治中国建设,关系到社会的文明进步,关系到大学生能否在社会中成长成才和建功立业。

怎样看待法律权利与法律义务的关系及统一？

吴林龙

有人说，法律权利与法律义务是统一的，只有享受了权利，才能履行义务。如果没有享受权利，就不应该去履行义务。请问这种说法正确吗？

这个问题涉及对法律权利与法律义务的关系及统一的理解问题。这种看法是值得商榷的。首先，以法律权利与法律义务的统一为前提，推出只有享受了权利才能履行义务的结论，窄化了对法律权利与法律义务的统一的理解。实际上，法律权利与法律义务的统一问题，具有丰富的内涵。一是法律权利与法律义务的统一，表现为整个社会中法律规定的权利与义务的数量的统一。二者在量上是相等的，整个社会的法律规范总体有多少法律权利就会有多少法律义务。一定的权利创设，总会形成一定的义务；一定义务的形成，也会因为法律创设一定的权利。在这种意义上，不存在享受权利与履行义务的问题，而仅仅是权利与义务的数量划分。二是法律权利与法律义务的统一，表现为质的相互规定性。法律权利与法律义务就像一枚硬币的两面，密不可分，相互依存。没有权利，义务的规定就失去了可能；没有义务，权利的实现也就成为一句空话。法律权利与法律义务是矛盾统一体，法律用对权利与义务的规定来规范社会关系和调节社会行为。因而，从这种权利与义务统一的角度，也谈不上权利享受与义务履行问题。三是法律权利与法律义务的统一，表现为同一公民主体的统一。这里表现为，公民自身既是权利的主体，也是义务的主体。只有在这种意义上，才能谈论要不要享受权利和履行义务的问题。因而，以法律权利与法律义务的统一为前提，来直接推断法律权利与法律义务的享受与履行问题，不论后面的结论是否正确，无疑都窄化了对法律权利与法律义务统一关系的理解。

其实，即便是在同一公民主体下谈论法律权利的享受和法律义务的履行问题，从实际的内容看，认为“只有享受了权利，才能履行义务。如果没有享受权利，就不应该去履行义务”也不符合法律历史发展的规律。人类社会的法律，从总体上看，按照阶级归属和社会性质的划分，经历了奴隶社会的法律、封建社会的法律、资本主义社会的法律和社会主义社会的法律几个阶段，而这种划分，还可以进一步进行归类，即前三种法律可以归为剥削阶级的法律，最后一种是人民群众的法律。我们知道，法律是统治阶级意志的体现，是上升为国家意志的统治阶级意志，是由社会的经济基础决定并用来巩固和保护有利于统治阶级的社会关系，这决定了法律的权利与义务在总量上是相等的，但是由于经济关系和阶级关系，被剥削阶级不可能享有和统治阶级一样的权利，因而在剥削阶级社会，出现了特权阶级，他们可以只享受权利而不履行义务，而被剥削阶级，只有很少的权利，却完全承担了整个社会的法律义务。因而在这种意义上，法律的权利和义务尽管体现了公民主体，却有了剥夺和让渡。有的人，虽然没有享受到权利，但是必须履行义务。只有到了社会主义社会，人民成了国家和社会的主人，公民享有广泛的权利，同时承担相应的义务；公民的权利与义务是统一的，不准许任何人只享受法律权利而不履行法律义务；任何公民都是享有法律权利和履行法律义务的统一体。因而，从人类社会和法律历史发展的角度看，我们不能笼统地说“只有享受了权利，才能履行义务。如果没有享受权利，就不应该去履行义务”。

既然如此，那么对社会主义社会的公民主体来说，“只有享受了权利，才能履行义务。如果没有享受权利，就不应该去履行义务”这句话是否有道理？答案同样是否定的。因为即便我国任何公民都是享受法律权利和履行法律义务的统一体，也不能说“只有享受了权利，才能履行义务。如果没有享受权利，就不应该去履行义务”。这种观点至少有两点错误：一是把法律权利的享有和法律义务的履行看成了一种先后关系，二是颠倒了法律权利享有与法律义务履行的目的与手段关系。在我国社会主义法律中，公民享受法律权利和履行法律义务，不是一种先后关系，而是一种同时关系，公民在享受法律权利之时，其实就蕴含了相应的法律义务的承担，公民在履行了法律义务之时，也具备了相应的法律权利。一定意义上看，法律义务是一种特殊的权利，是权利的对象化。这意味着我国公民作为国家和社会的主人，在享受法律权利和履行法律义务方面是同时发生的，尽管二者的内容、性质和作用范围不一样，但它们同时共存。因而即便是在我国，公民都是享受法律权利和履行法律义务的统一体，也不能说“只有享受了权利，才能履行义务。如果没有享受权利，就不应该去履行义务”。其实，仔细分析这句话，我们还会发现，这里混淆了法律权利的享有与法律义务的履行的目的和手段的关系。从人类社会法律权利与法律义务的发生看，法律权利是目的，法律义务是手段，当然目的和手段是同时发生的，没有目的就无所谓手段，没有手段也谈不上目的。离开了法律权利，法律义务就失去了履行的价值和动力。同样，离开了法律义务，法律权利也无法实现。而从公民都是享受法律权利和履行法律义务的统一体来看，说“只有享受了权利，才能履行义务。如果没有享受权利，就不应该去履行义务”，无疑把法律义务看成了目的，把法律权利看成了手段。

当然，从深层看，在我国社会中之所以有人提出“只有享受了权利，才能履行义务。如果没有享受权利，就不应该去履行义务”，是因为这种看法还蕴含了一种情感和价值倾向，即把法律权利看作一种对自己有利的东西，而把法律义务看作一种对自己不利的东西。这是目前在现实中一些人比较直接的感觉。这与人们的生活经验、接受法治教育的程度及历史文化传统有关，甚至与思维方式有关。尽管从表面上看，法律权利表现为获得、拥有等属性，似乎对权利人有利，法律义务表现为付出、承担等属性，似乎对义务人不利，但在国家规定的法律权利与法律义务相一致的情况下，在实行法律权利与法律义务人人平等的法律制度中，特别是在我国社会主义国家的法律规范中，人民是国家和社会的主人，法律制定和实施是依靠人民、为了人民、保护人民。在这种历史条件和情形下，一个人无论是行使权利还是履行义务，都是对自己有利的。如，我国宪法规定，公民有保卫祖国的义务，这表现为一种付出，但维护了国家安全，同时也实现了自己的安全利益。其实，在更广的范围内，我们也能说明这个道理。由于现代社会的分工越来越细，行业越来越多，权利与义务的不对应性和不同时性成为一般形态，比如，一个电脑工程师履行软件开发的义务，一个农民履行种地的义务，他们都在履行义务的同时实现了各自的利益。因而，我们不应该带有情感好恶地看待法律权利与法律义务的关系。

总之，我们必须科学把握法律权利与法律义务的统一关系。我国公民享有广泛的权利，同时承担相应的义务；公民享有权利与履行义务不是先后关系，而是同时的平等关系。公民在享受权利的同时必须履行相应的义务，公民在履行义务的过程中也必然能够获得相应的权利。不应该以法律权利与法律义务的统一为借口，认为“只有享受了权利，才能履行义务。如果没有享受权利，就不应该去履行义务”，必须客观公正地对待我们所享有的权利和履行的义务。

后　记

解析教学疑难问题是加强和改进高校思想政治理论课建设、提升高校思想政治理论课教学质量的主要举措。中国人民大学马克思主义学院思想道德修养与法律基础教研部在多年教学科研深度融合的基础上，组织编写了《“思想道德修养与法律基础”教学疑难深度解析》一书。

本书的编写是在中国人民大学马克思主义学院和北京高校思想政治理论课高精尖创新中心的统筹领导下进行的。主编王易老师设计了教学疑难问题并对全书进行统稿定稿，参与撰写疑难问题解析的老师有刘建军、王易、邱吉、陈锡敏、宋友文、张智、张苗苗、刘树宏、甘玲、袁和静、温静、贾雪丽、白洁、吴林龙等校内外专家学者。本书的编写和出版得到了教育部“全国高校思想政治理论课教学科研团队择优支持计划”的资助，中国人民大学马克思主义学院博士后安丽梅和中国人民大学出版社编辑牛晋芳博士为本书的出版做了大量的工作，在此一并致以谢意！

本书编写组
2019 年 7 月

图书在版编目（CIP）数据

“思想道德修养与法律基础”教学疑难深度解析/中国人民大学马克思主义学院，北京高校思想政治理论课高精尖创新中心组编；王易主编．—北京：中国人民大学出版社，2019.8

ISBN 978-7-300-23907-1

Ⅰ.①思… Ⅱ.①中…②北…③王… Ⅲ.①思想修养-教学研究-高等学校 Ⅳ.①G641.6

中国版本图书馆CIP数据核字（2017）第010269号

“思想道德修养与法律基础”教学疑难深度解析

中国人民大学马克思主义学院
北京高校思想政治理论课高精尖创新中心 组编

王　易　主编

出版发行	中国人民大学出版社		
社　址	北京中关村大街31号	邮政编码	100080
电　话	010－62511242（总编室）		010－62511770（质管部）
	010－82501766（邮购部）		010－62514148（门市部）
	010－62515195（发行公司）		010－62515275（盗版举报）
网　址	http://www.crup.com.cn		
经　销	新华书店		
印　刷	天津中印联印务有限公司		
规　格	165 mm×230 mm　16开本	版　次	2019年8月第1版
印　张	13.75 插页1	印　次	2021年1月第3次印刷
字　数	216 000	定　价	45.00元